AF368817

LA VIDA SE GRABA EN EL CUERPO

DANIEL PÉREZ

www.lavidasegraba.guiaburros.es

EDITATUM

Diseño de cubierta: © LOOKING4

Maquetación de interior: © EDITATUM

Primera edición: Octubre 2019

ISBN: 978-84-120556-5-8

Depósito legal: M-33122-2019

IMPRESO EN ESPAÑA/ PRINTED IN SPAIN

Si después de leer este libro, lo ha considerado como útil e interesante, le agradeceríamos que hiciera sobre él una **reseña honesta en Amazon** y nos enviara un e-mail a **opiniones@guiaburros.es** para poder, desde la editorial, enviarle **como regalo otro libro de nuestra colección.**

Agradecimientos

A mis compañeras psicólogas, Francisca Saussol, Carmen Monzonis y Amada García, por su inestimable colaboración.

A mis hijos, Carmen y Daniel, y a mis nietos, Álvaro y Pablo, los mejores cuatro alicientes de mi vida.

A Mercedes Martínez, cuyas manos han hecho posible este libro.

Sobre el autor

 **Daniel Pérez** nació en Yeste (Albacete). Es psicólogo por la Universidad Complutense de Madrid, y jefe de servicio y director de programas en la Comunidad Autónoma de Murcia.

Es autor y profesor de cursos sobre Técnicas de Investigación en Desarrollo Personal, y ejerce como psicoterapeuta individual y de grupos. Es asesor personal de directivos de empresa y formador en máster de Psicología Clínica, así como ponente a nivel nacional e internacional en temas relacionados con el desarrollo humano.

Fue cofundador de la primera comunidad "No-violencia activa" en España junto a Lanza del Vasto, discípulo de Gandhi.

Fue fundador y director del centro de Psicología aplicada "Espacio Humano" de Murcia.

Índice

Presentación

En el transcurso de la vida tenemos, a veces, la fortuna de encontrar a personas que influyen en nosotros de tal forma que modifican nuestra manera de estar en el mundo. Son referentes.

Personalmente me considero afortunada, pues hace más de treinta años que, cuando podía considerar mis objetivos cumplidos como profesional de la medicina, conocí a Daniel Pérez. Era un psicólogo bien preparado profesionalmente. Llamaba la atención su constante afán por investigar en nuevas teorías; nunca se encasilló en una corriente determinada ni despreció el uso de ninguna técnica psicológica si se demostraba que era útil al paciente.

Tengo que confesar que, cuando me habló de una herramienta diagnóstica basada en el esquema corporal, lo juzgué con un cierto escepticismo. No obstante, accedí a participar en el estudio.

El autor se proponía intentar validar la fiabilidad de la técnica.

Se llevó a cabo un estudio, con una muestra aleatoria y suficiente de personas a las que un equipo de psicólogos aplicaba la batería de pruebas habituales en el centro para llegar a un diagnóstico.

Por otra parte, otro grupo de profesionales, que desconocían el resultado y a las personas implicadas, realizaban un diagnóstico solo en base al esquema corporal, a lo grabado en el cuerpo.

La coincidencia del diagnóstico por ambos procedimientos fue de más del 90%, por lo cual, y a partir de ahí, se incorporó esta técnica a las pruebas habituales de psicodiagnóstico.

Esta experiencia hizo aparecer en mí nuevas inquietudes, estudié Psicología y, a lo largo de más de veinte años, de la mano de Daniel Pérez, he tenido la fortuna de poder ayudar a otras personas a conocer mejor sus puntos fuertes y, al organizarles un plan de vida adecuado incorporando ingredientes necesarios, conseguir su mejor desarrollo e intervenir adecuadamente en el medio. En definitiva, facilitarles ser los protagonistas de su propia vida, descartando los miedos y desarrollándose en libertad.

Si buscamos la esencia de las enseñanzas de este manual podríamos decir que, constituirse en el dueño de nuestra propia vida consiste en saber con qué activos se cuenta, qué se desea conseguir y manejar las circunstancias vitales que nos vienen dadas.

Las enseñanzas de Daniel Pérez fueron importantes para mí y para muchas otras personas a lo largo de los años. No dudo de que serán también útiles al lector.

Carmen Monzonis Torres

Licenciada en Medicina y Psicología

Introducción

Presentamos una herramienta de consulta acerca de los elementos que consideramos necesarios para conseguir el bienestar al que todos los seres humanos aspiramos.

Se trata de un libro al que se puede recurrir para recibir la información necesaria sobre cómo resolver las dificultades que podamos encontrarnos en nuestro día a día. Nos referimos a cualquier tipo de dificultad cotidiana, pero, fundamentalmente, a aquellas dificultades que se pueden plantear cuando nos relacionamos con otras personas.

Siempre que nos encontramos con situaciones relacionales difíciles, intentamos conocer cuál puede ser su procedencia; por ello y a tal fin, vamos a dedicar un primer capítulo a la búsqueda del origen de tales dificultades, pues, en ocasiones, cuando algo nos resulta desagradable, nos preguntamos cuál puede ser la causa que explique tal situación.

En un segundo capítulo vamos a presentar una serie de actividades que, de forma ordenada, nos van a facilitar conseguir el bienestar al que nos hemos referido anteriormente. Bienestar que, se supone, deberíamos saber dónde se ubica y en qué consiste, y poner así los medios que nos permitan llegar a su encuentro.

Para incorporar el bienestar en nuestras vidas no es suficiente con alejarnos de lo que nos desagrada o nos produce malestar. Entendemos, por tanto, que bienestar va unido a caminar hacia delante, a conseguir lo que previamente sabemos qué es y dónde está. Se trata de, utilizando unas determinadas herramientas, recorrer el camino que irremediablemente nos lleva a su consecución.

Hay un tercer capítulo donde exponemos que, por nuestra naturaleza solidaria, hemos de aportar ese grano de arena personal en la construcción de un mundo saludable y adaptado a la medida de los seres humanos.

Por solidaridad entendemos la necesidad del ser humano de participar con otros para poder desarrollar su propia personalidad. Ningún ser humano está aislado del contexto en el que convive y necesita elementos materiales, intelectuales y afectivos para poder desarrollarse en lo que es, una persona que, en dependencia con su entorno, se configura y se siente completa.

Cada uno de nosotros vive su individualidad sabiendo que tiene que ver con el resto del mundo que le rodea. Es como si tuviera relación con cada uno de los elementos que configuran el universo en que vive.

Solidaridad no significa confundirse con el otro. No se trata de sufrir con el que sufre, llorar con el que llora, ni sentir en propia carne la humillación del compañero o la irritación del que me acompaña. Por el contrario, se trata, desde mi bienestar, de sacar del sufrimiento al que sufre, del llanto al que llora y de dar la mano al humillado, apartándolo del sometimiento.

Construir un mundo mejor y a la medida del ser humano es, por tanto, ser conscientes de la grandeza de lo que somos y, desde lo mejor de nosotros mismos, aportar nuestro «grano de arena», sentir la energía de la fuerza unida y vivir una unidad de índole superior.

Parte I

Estudio del cuerpo

En primer lugar vamos a conocer cuáles son nuestras fortalezas, así como nuestras necesidades no cubiertas.

Lo peculiar que tiene el modelo que presentamos es el instrumento en el que nos basamos para conseguir dicha tarea. La herramienta a utilizar va a ser nuestro propio cuerpo y de ahí el título del libro, pues hemos podido comprobar que la vida, efectivamente, se graba en el cuerpo y nos indica cuáles son los impedimentos que podemos encontrar para conseguir lo que realmente deseamos.

Se trata de conocer, desde su origen, a través del cuerpo, el motivo de sentimientos y comportamientos actuales: «Qué nos pasa y por qué».

Popularmente, se ha venido diciendo que el cuerpo no engaña, que las sensaciones son la garantía de la verdad de lo que expresamos. El pensamiento y las emociones son menos fiables que la expresión de nuestras manifestaciones orgánicas.

Las experiencias vividas se graban, fundamentalmente,
en el recuerdo, en el comportamiento y en el cuerpo.

Daniel Pérez

Punto de partida

Este estudio nace en una mañana de finales de octubre de 1976, en un centro de psicología donde me encontraba leyendo el informe de una paciente. Me llamó la atención comprobar, en su historia clínica, que aparecían afectadas las mismas partes del cuerpo que en otra persona cuyo historial había leído previamente. Asimismo, me sorprendió descubrir que ambas personas habían tenido un tipo de vivencias parecidas. Desde ese momento me interesé por comprobar si en otros expedientes coincidía que un determinado tipo de vivencias afectaban a determinadas partes del cuerpo, y me sorprendí al comprobar que coincidían siempre.

Este descubrimiento me llevó a consultar a otros compañeros, psicólogos y médicos psiquiatras, que confirmaron lo que yo había empezado a ver. A partir de ahí, y siguiendo un protocolo-cuestionario de síntomas patológicos orgánicos, fuimos comprobando que, efectivamente, todas las personas que habían tenido un determinado tipo de experiencias, fundamentalmente de tipo relacional, tenían afectadas de una u otra forma las mismas partes del cuerpo. Estas primeras investigaciones condujeron a un proyecto exhaustivo y psicosomático, dando lugar a lo que se expone en este libro.

Así pues, interesados en esta interacción cuerpo-psique, un equipo de profesionales clínicos ha venido trabajando y correlacionando las manifestaciones puramente somáticas con los conflictos psíquicos.

El cuerpo como indicador de lo vivido

La relación existente entre el cuerpo, la mente y el mundo afectivo es un tema debatido desde antiguo y defendido por los profesionales que, en los campos de la psicología o la medicina, entienden a la persona como un todo integrado, concediendo paritaria importancia tanto a las expresiones psíquicas como a sus manifestaciones físicas.

En las últimas décadas se acepta el hecho de que determinadas alteraciones orgánicas tienen su origen en dificultades a nivel psíquico, por carencias de tipo intelectual o emocional. La medicina psicosomática es ya un hecho en nuestro tiempo y gran número de enfermos son remitidos a los psicólogos por parte de otros profesionales de la salud, al no encontrar causa orgánica que justifique sus síntomas físicos. Asimismo, hay enfermedades como la úlcera duodenal, la colitis ulcerosa, el cáncer, etc., claramente asociadas a componentes psicoafectivos y otras que, sin pruebas concluyentes, muestran una asociación más significativa que la casual, como ocurre con la alta asociación del cáncer de mama y el abandono afectivo.

El cuerpo es un indicador; sus síntomas pueden llevarnos al origen de los trastornos. En él podemos leer la existencia de carencias en cuanto a necesidades básicas no cubiertas para un buen desarrollo personal, así como conocer el desgaste que ha sufrido y las dificultades o facilidades que tiene para relacionarse con su entorno.

Etapas evolutivas: curación, prevención, sanación

Hay que partir del hecho de que a la naturaleza del ser humano le corresponde la salud, estado de constante equilibrio, donde no existen disfunciones de tipo mental ni emocional o físicas; de ahí que cualquier otra situación sea una anomalía.

Sin embargo, lo habitual es encontrarnos a lo largo de nuestra vida con un sinnúmero de disfunciones, trastornos y enfermedades, más o menos graves, que a veces perduran en el tiempo. Esta situación lleva a tener en cuenta el deseo de retornar a ese estado de equilibrio que le corresponde a cada persona, y así nos encontramos con muchos profesionales dedicados a eliminar la enfermedad intentando curar los síntomas, o a evitar que se produzcan o, una vez remitidos, intentar que no vuelvan a aparecer.

Así podemos señalar diferentes estados:

— **Curación**: Es el estado en el que se encuentran las personas que siguen un tratamiento de síntomas patológicos, con el deseo de mejorar la enfermedad, estando instalados en ella.

— **Prevención**: Consiste en estar atentos a evitar la enfermedad desde un estado donde los síntomas han desaparecido, pero con posibilidad de que la enfermedad retorne.

— **Sanación**: Es el estado en el que se encuentra la persona que ha erradicado la causa u origen de la enfermedad no dando lugar a que reaparezca.

Estos diferentes estados están relacionados directamente con determinadas etapas evolutivas:

1. Etapa curativa.

2. Etapa preventiva.

3. Etapa de sanación.

Etapa curativa

En esta etapa se encuentran personas que poseen una mentalidad de «sentirse enfermas», un deseo de que se ocupen de ellas. Necesitan atención porque, en su momento, no fueron atendidas adecuadamente; se acostumbran a vivir en la enfermedad; piensan, consciente o inconscientemente, que estando mal es como van a ser mejor atendidas. En esta etapa es cuando se necesita eliminar el mal, la enfermedad.

Esta situación provoca una inadecuada dependencia, necesitando de otros, creyendo que no pueden valerse por sí mismas de forma permanente, intentando sacarle provecho a tal situación (lo que se entiende como el beneficio de la enfermedad).

El tratamiento en esta etapa consiste en dirigir a la persona hacia el tono vital, que es el nivel más alto de satisfacción física y que consiste en apreciar la salud corporal a un alto nivel.

Etapa preventiva

Es una etapa donde las personas buscan la forma de acercarse a los ingredientes que le satisfacen y que les permitan caminar de forma autónoma. Se trata de recurrir a expertos en cada una de las materias de las que se desea aprender. Asimismo, es el tiempo de mantener una atención continua que facilite un estado de bienestar que evite posibles anomalías o perturbaciones, dando lugar a lo que entendemos como prevención. Se trata de evitar las patologías que ya existen o que pudieran aparecer por primera vez.

Etapa de sanación

Esta etapa se relaciona con un estado de bienestar permanente, al que tiende todo ser humano. Para ello se hace necesario que la persona disponga y ejecute un plan de acción que cubra de manera sistemática todas sus necesidades, tanto de índole físico como emocional o intelectual. Al hablar de sanación, se está indicando una atención adecuada para eliminar el origen de las situaciones patológicas. Cuando somos atendidos de forma correcta y nutridos en dosificación adecuada, no cabe la disfunción, no se le da paso a la enfermedad.

Mapa de las zonas del cuerpo

A raíz de las consideraciones que venimos observando en relación a la salud, se propone un estudio pormenorizado de los síntomas que aparecen en el cuerpo y que nos indican las dificultades y las experiencias vividas.

Existen diferentes lecturas del cuerpo según el plano en el que nos ubiquemos como observadores:

— A nivel general consideramos que el cuerpo se divide en dos ejes: vertical y horizontal.

— A nivel específico podemos dividir al cuerpo en zonas que incluyen diferentes órganos, estructuras óseas y parte de los sistemas circulatorios.

El eje vertical

Va de los pies a la cabeza, según las teorías bioenergéticas. Por él transcurre la energía procedente de la plantación en tierra que, atravesando las distintas zonas, tendría salida por la fontanela y nos conectaría con los aspectos trascendentes del ser. En este eje se sitúan zonas claves de la estructura de personalidad, relacionadas con la seguridad y el posicionamiento en la realidad.

En este eje se encuentran una parte izquierda, una parte central y otra derecha.

En la parte izquierda quedan grabadas, de manera fundamental, todas las experiencias relacionadas con lo recibido.

Una persona con predominio de disfunción en el lado izquierdo es probable que haya recibido poco en su contexto familiar y social, ha tenido o sigue teniendo un entorno carente o insuficiente.

El predomino de disfunciones en la parte derecha indica dificultades para expresarse en el entorno, o puede indicar no sentirse bien aceptados o comprendidos en dicho entorno.

Cuando las alteraciones son predominantemente centrales, nos hablan de dificultad fuertemente «introyectada» y sin resolver, generalmente de más difícil solución. Se considera que el causante del conflicto es uno mismo y puede generar culpa.

El eje horizontal o relacional

Va desde la mano izquierda a la mano derecha, conectando a nivel del pecho con el eje vertical, donde se ubican los pulmones y el corazón. En este eje se sitúa todo lo concerniente a la relación con los demás, a nivel más o menos profundo según la zona.

Zonas del cuerpo

Vamos a considerar el cuerpo por zonas, teniendo en cuenta que cada zona incluye una serie de órganos, partes de la estructura ósea y muscular, así como los sistemas circulatorios con sus determinadas funciones. Es como si, virtualmente, el cuerpo se cortara de forma transversal.

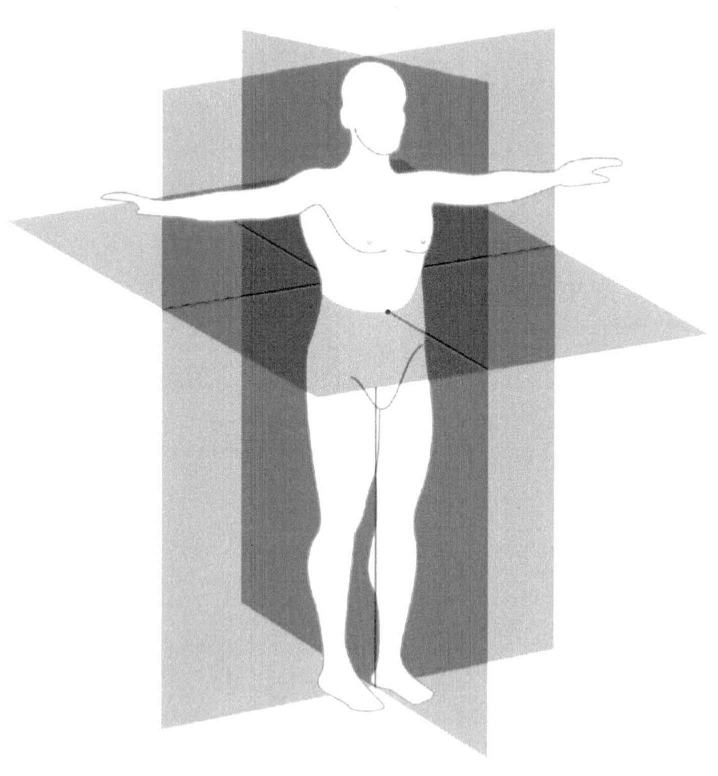

Zonas	Partes que incluyen
Zona 1: De los pies a la cadera	Pies, tobillos, pantorrillas, rodillas, muslos, caderas y glúteos.
Zona 2: De la base del tronco a la cintura	Genitales, ano, perineo, duodeno, intestino delgado y grueso, parte de los riñones, sacro, pelvis y vértebras lumbares.
Zona 3: De la cintura al diafragma	Estómago, hiato, hígado, vesícula biliar, parte de los riñones, bazo, páncreas y vértebras dorsales bajas.

Zona 4: Del diafragma hasta las clavículas	Diafragma, pulmones, corazón, pectorales, vértebras dorsales altas, esternón y escápulas.
Zona 5: Desde las manos hasta los hombros	Manos, muñecas, antebrazos, codos, brazos y huesos que corresponden.
Zona 6: Desde las clavículas a la mandíbula (cuello)	Clavículas, garganta, zona posterior del cuello, vértebras cervicales, tiroides, faringe y laringe.
Zona 7: De las mandíbulas a la parte superior del cuero cabelludo (cabeza)	Mandíbulas, boca y lengua, pómulos, senos nasales, sistemas auditivo y ocular, cuero cabelludo y encéfalo.
Zona 8: Articulaciones	Tobillos, rodillas, caderas, muñecas, codos y hombros.
Zona 9: Piel	Piel de todo el cuerpo.

Asimismo, también se consideran como zonas, la presión arterial y los biorritmos.

Correlaciones psicofísicas

Vamos a relacionar las diferentes partes del cuerpo con las experiencias anteriormente vividas, así por ejemplo, personas con carencias o conflictos graves de origen afectivo somatizan sistemáticamente en el pecho.

A la hora de exponer las diferentes partes del cuerpo relacionadas con las vivencias tenidas, consideramos el significado de lo que indica cada una de esas zonas.

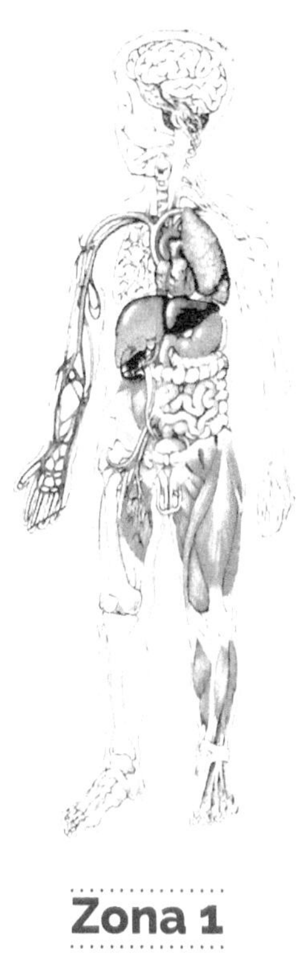

Zona 1

Pies

Muestran la forma en que la persona se sitúa en la realidad. La plantación en tierra, la manera de afrontar las circunstancias de la vida. Personas con pies sanos indican un buen asentamiento en la realidad de su entorno; se considera que están en el sitio correcto y, si tiene que cambiar algo, será el entorno el que tiene que modificarse. No hay deseo de retirada. Las alteraciones en los pies son características de personas con tendencia a evitar la dificultad. Cuando la patología en los pies es grave, puede indicar la existencia de una importante tendencia a evadirse, lo que en psicología clínica se entiende como tendencia psicótica.

Piernas y muslos

En ellos se manifiesta la seguridad personal en relación con el entorno social. Son los indicadores donde se graba el esfuerzo personal acometido. Unas piernas sanas denotan que esas personas han hecho un trabajo propio, a pesar de la posible falta de colaboración de otras personas de su contexto, y que persisten en conseguir lo que se proponen.

Asimismo, unas piernas débiles denotarían a personas que no pueden soportar sus propias responsabilidades o se han excedido en la ejecución de las mismas. Frente a la sociedad, creen no dar la talla. Se sienten inestables socialmente ante la exigencia que perciben de su entorno familiar y social.

Zona 2

Duodeno, intestino delgado y grueso, parte de los riñones

Esta zona tiene que ver con la absorción y la asimilación. Está relacionada con lo tradicionalmente entendido como rol paterno o paternaje, tanto biológico como social. Asimismo, tiene que ver con la firmeza, la estabilidad, la seguridad, la estructura, la disciplina y la consecución de recursos económicos. Marca la «introyección» de la autoridad, interiorización de normas, entendiendo como autoridad a las personas que son expertas en los temas que exponen. Quienes tienen esta zona sana son personas que han tenido cerca figuras de autoridad que han despertado en ellas su propia seguridad y valía personal.

Las personas con dificultades en esta zona suelen sobrepasar sus capacidades, mostrando una determinada sensibilidad al deseo de reconocimiento de los demás, no se asientan bien sobre sí mismas y manifiestan cierta tendencia al aislamiento. Necesitan apoyarse en otros para poder asumir la responsabilidad de su vida. A veces puede indicar un comportamiento infantil. Son personas que, por sentirse poco valoradas, tienen una escasa autonomía y baja autoestima; asimismo, confrontan el medio con rivalidad.

Genitales, ano, perineo y estructura ósea correspondiente

Estas partes tienen que ver con experiencias vividas en relación a la capacidad de relaciones interpersonales, así como, con los niveles de relaciones íntimas, con el sentido del ridículo, el prestigio social y la desinhibición.

Zona 3

Estómago, hiato, hígado, vesícula biliar, parte de los riñones, bazo, páncreas y vértebras dorsales bajas

Junto con la 2, esta zona está en relación con lo recibido en el hogar familiar. Nos referimos, específicamente, a la acogida: el maternaje, tanto biológico como social. Entendemos por maternaje, todas aquellas vivencias que tienen que ver con la madre biológica y con las experiencias en el entorno sociocultural, en cuanto a aceptación, comprensión, cercanía, etc.

En la zona 3 se graban las incidencias en torno al rol materno, tanto en el presente como en las vivencias desde la infancia. Tiene que ver con el maternaje nutricio, acogedor, pero no necesariamente afectivo.

Personas con una zona 3 débil o enfermiza denotan, o bien que han tenido un maternaje muy escaso, o un desgaste excesivo en su entrega hacia otros (o han recibido insuficientemente o se han entregado en exceso). Pueden ser personas que actúan de «madres» del entorno.

Asimismo, las personas que muestran debilidad en esta zona nos indican que no tienen cubierta de forma adecuada la disciplina primaria, entendiendo por disciplina primaria la ejecución ordenada de las necesidades básicas, como dormir, comer, etc. Se asocia con personas excesivamente dependientes, con rasgos de rigidez y comportamientos intolerantes hacia la figura materna. Se muestran autoritarios y exigentes con ellos mismos y con los demás. Evitan responsabilidades, con un proceso madurativo lento.

Pueden mostrar, asimismo, una fuerte agresividad que se relaciona con haber experimentado dejación de funciones por parte de sus figuras parentales; no tienen el hogar claro, no encuentran su sitio. Están como de paso.

Las personas con una zona 3 sana nos indicarían que su entorno familiar y social ha sido adecuado en cuanto a la nutrición y la acogida.

Zona 4

Diafragma, pulmones, corazón, pectorales, vértebras dorsales altas, esternón y escápulas

Esta zona está en relación directa con la aceptación de uno mismo. Tiene que ver con las experiencias afectivas vividas desde la infancia, con el mundo emocional y de los sentimientos. En esta zona se ubican los órganos esenciales de la vida, como son los pulmones y el corazón; es una zona muy especial, pues es también donde se cruzan el eje vertical y el eje horizontal. En esa intersección se ubica el sentimiento más profundo del Ser. Asimismo, es una zona en la que se marcan las experiencias que van más allá de la razón, es el lenguaje del corazón, que a veces no tiene lógica y va más allá del sentimiento.

En esta zona se señalan la realización de los proyectos y de los sueños. Una persona con las partes del pecho sanas nos indica que ha vivido con dignidad, con aprecio, con cariño. Que está cumpliendo o realizando sus deseos, que está abierta a lo colectivo, a lo solidario.

Una persona con dificultades en esta zona nos indicaría que su entorno a nivel afectivo ha sido insuficiente y que posiblemente no ha tenido la gran experiencia de la acogida incondicional y de la entrega en gratuidad.

Zona 5

Manos

Las manos nos indican el tipo de relación que mantenemos con las personas. Asimismo, tienen que ver con las relaciones más superficiales, con protocolos, relaciones públicas, recepciones sociales; es decir, el contexto menos profundo de los contactos con las personas. Unas manos sanas pertenecen a personas que saben moverse con facilidad en las relaciones públicas, son facilitadores de los encuentros, se manifiestan con facilidad en la comunicación en los primeros contactos. Son personas con capacidades para trabajos de recepción y protocolarios.

Las manos son indicadoras de cómo se manejan las distancias en las relaciones. Manos sudorosas, torpes o con algún otro tipo de disfunción denotan timidez. Nos indican que esas personas ponen distancia, no desean demasiada proximidad, defienden su intimidad, no les gusta hablar de sí mismas si no hay total confianza. Son manos defensivas. A estas personas te puedes acercar solo cuando ellas lo deciden.

Los casos de onicofagia (morderse las uñas) son indicadores de personas que han vivido tensiones emocionales fuertes y no han podido, o sabido, resolverlas. Han interiorizado estas tensiones y no han podido dar respuesta o resolver esos conflictos o tensiones familiares. Posiblemente, desde niños han presenciado algún tipo de maltrato en su propio entorno familiar.

Antebrazos y brazos

En estas partes del cuerpo se graban las vivencias que se han mantenido o se mantienen actualmente con amigos, hermanos, socios, compañeros, parejas afectivas, etc., lo que se entiende por relaciones a la par. Cuando estas partes están sanas, nos indican que esas personas tienen facilidad para ese tipo de relación, no rivalizan entre lo que se entiende por iguales y a veces es con estas personas con las que muestran confianza e incluso aceptan sus opiniones como fuentes de autoridad. Cuando los brazos y antebrazos se encuentran dañados, nos indican que esas personas no se han relacionado o no se relacionan de forma adecuada con quienes hemos denominado relaciones a la par.

Zona 6

Clavículas, garganta, zona posterior del cuello, vértebras cervicales, tiroides, faringe y laringe

El cuello es la parte del cuerpo en la que se van grabando las experiencias tenidas en relación a la consecución de los objetivos planteados. Una persona con el cuello sano muestra la adecuada conexión entre los aspectos más realistas de la persona y su mundo ideal.

Una persona con el cuello dañado nos indica que no ha podido acabar lo que empezó, que sus proyectos o sueños no llegaron a buen término; en definitiva, tiene que ver con la realización de deseos. A través del cuello se nos muestra el acuerdo o desacuerdo entre lo que se está viviendo y el ideal de vida. En esta zona, que incluye la parte alta de los hombros, se somatiza el estrés, la sobrecarga y la tensión.

Zona 7

Cabeza

En la cabeza se van grabando las experiencias que tienen que ver con saber qué se quiere en la vida, capacidad para proyectar, para manejarse en la intuición. En la cabeza, asimismo, se ubican lo que entendemos por capacidades intelectuales (cociente intelectual, discernimiento, sentido común y sabiduría), pudiendo realizar un adecuado plan de vida por haber recibido una orientación adecuada y haber tenido asesores y guías expertos. Se relaciona, asimismo, con el autoconcepto y la autoestima, el mundo de los deseos y los sueños.

Una cabeza sana denota que una persona sabe lo que quiere y conoce dónde dirigir sus acciones a través de una adecuada estructura y planificación, sin la inquietud de tener que conocer el resultado antes de tiempo; avanza con calma y seguridad.

Una cabeza con algún tipo de enfermedad denota que algo de lo que hemos dicho anteriormente no se ha cumplido.

Zona 8

Articulaciones

Son puntos de unión entre diferentes partes del cuerpo. De modo general, en las articulaciones se graban los tipos de experiencias que tienen que ver con finalizar lo que se inicia o saturación de procesos, así como con comportamientos rígidos. Son indicadores de constancia y tienen que ver con la disciplina, los retos.

Teniendo en cuenta dónde se ubican las diferentes articulaciones, podemos señalar que los tobillos, las rodillas y las caderas tienen que ver con equilibrio, estabilidad, seguridad y sobrecarga. Y sin embargo, las muñecas, los codos y los hombros pertenecen al campo de las relaciones afectivas.

Las articulaciones, asimismo, están en relación con la dosificación de tareas, pues unas articulaciones dañadas denotan a personas que no saben precisar sus metas, o las ponen muy bajas por miedo al fracaso, o demasiado altas y no pueden cumplirlas.

Coloquialmente, las articulaciones se han venido comparando con lo que se denomina «niños de papá», al manifestar comportamientos frágiles, temerosos, inhibidos o excesivamente desenfadados, apoyándose en los demás.

Una persona con las articulaciones fuertes no se reta, no falla y acaba lo que empieza porque se dosifica adecuadamente.

Piel

Es el órgano del cuerpo de mayor dimensión. En principio, como consideración general, en la piel se graban todas aquellas experiencias que tienen que ver con el mundo materno-afectivo y, de ahí, acontecimientos o situaciones de ternura, caricias, besos, mimos, acunamientos, etc. En definitiva, todo lo que tiene que ver con lo que entendemos por vivencias maternas, que no tienen porqué pertenecer solamente a la vida infantil. Al estar la piel envolviendo a todas las partes del cuerpo, también cobra importancia en qué zona del mismo se ubica, pues la piel, en cada una de las zonas, además de su significado general, tiene que ver con esa parte que cubre (piernas, brazos, tronco, etc.), añadiendo a este significado la parte específica en la que se encuentra.

....
Zona 10
....

Presión arterial

La presión arterial indica, cuando es tensión baja, que la persona ha vivido o vive situaciones de desgaste, sobrecarga o rigidez, y también denota una posible llamada de atención a ser mejor atendida por los demás o incluso por ella misma. Y la presión arterial alta puede denotar síndromes de ansiedad.

Biorritmos

Entendiendo en esta ocasión por biorritmo, el estado de ánimo y la actitud en que se encuentran las personas a lo largo del día. Así, consideramos que aquellas personas que se encuentran en un buen estado de ánimo por las mañanas y que les apetece madrugar (ritmo diurno), suelen coincidir con personas que les apetece actividades en solitario y disfrutan de estar con ellas mismas. En casos de personas con patologías psicóticas, coinciden con que el mejor momento del día para ellos es el amanecer.

En cambio, las personas que se activan anímicamente durante el anochecer (ritmo nocturno), son personas que disfrutan de la sociabilidad, les apetece el encuentro colectivo, alargan las reuniones, etc. Las personas con patologías de carácter neurótico disfrutan de la noche y aunque no se encuentren cómodos no suelen retirarse.

Resumen del esquema corporal

Zona 1

Pies

- Plantación en la realidad.
- Capacidad de afrontamiento.
- Posicionamiento social.

Piernas

- Desclasamiento (se refiere a personas que han mejorado su posición social en relación a su familia de origen).
- Aprovechamiento de capacidades.
- Seguridad en uno mismo.
- Autonomía.
- Autovaloración, autoconcepto.
- Estabilidad social.
- Ubicación adecuada en el entorno.

Zona 2

Abdomen

- Rol paterno, paternaje social.
- Capacidad de decir no y sí.
- Seguridad, autoridad, reconocimiento, competencia.
- Valoración.
- Autoestima.

Zona 3

Estómago

- Rol materno biológico, maternaje social.
- Nutrición.
- Acogida.
- Cobijo.

Zona 4

Pecho

- Afectos, sentimientos, emociones, sensibilidad.
- Aceptación de uno mismo.
- Ejecución de lo proyectado.
- Trascendencia, incondicionalidad.
- Lenguaje del corazón.
- Ansiedad.

Zona 5

Manos

- Facilidad de contacto.
- Relaciones sociales protocolarias.
- Amabilidad.
- Cortesía.
- Delicadeza de trato.
- Distancias.
- Defensa y/o evasión de las relaciones.

Brazos

- Relaciones a la par o de iguales (amigos, compañeros, hermanos, socios, parejas afectivas, etc.).

- Los iguales como fuente de autoridad o puntos de apoyo cuando las figuras parentales no han sido adecuadas.

Zona 6

Cuello

- Adecuación entre deseo y realidad.
- Objetivos cumplidos o por cumplir.
- Tensiones, estrés, sobrecarga.

Zona 7

Cabeza

- Prestigio, valía.
- Autoconcepto.
- Autoestima.
- Aceptación de sí mismo.
- Capacidad intelectual, rentabilidad intelectual.
- Deseos, sueños, proyectos.
- Ideas.
- Capacidad de estructura, programación, planificación.
- Orientación.
- Intuición.

Zona 8

Articulaciones

- Saturación de procesos.
- Autodisciplina.
- Estabilidad afectiva.
- Seguridad y fiabilidad en las relaciones.
- Equilibrio.

- Madurez, inmadurez.
- Tobillos: estabilidad.
- Rodillas: seguridad.
- Caderas: firmeza.
- Muñecas, codos y hombros: diferente profundidad en las relaciones a la par.

Zona 9

Piel

- Maternaje o cuidados primarios a nivel sensitivo: mimos, caricias, besos, arropamiento, acunamiento.

Zona 10

Presión arterial

- Presión arterial baja: desgaste, sobrecarga, rigidez y necesidad de atención.
- Presión arterial alta: síndrome de ansiedad.

Zona 11

Biorritmos

- Ritmo diurno (atracción por las primeras horas de la mañana): encuentro con uno mismo, disfrute de actividades en solitario, posible evasión.
- Ritmo nocturno (atracción por la noctambulidad): satisfacción en las relaciones sociales, encuentro colectivo, posible tendencia invasiva.

Indicadores y correlaciones entre diferentes zonas y/o partes del cuerpo

INDICADORES	ZONAS CORRESPONDIENTES
4.1. Acogida (maternaje)	Zona 3 y zona 9
4.2. Orientación (paternaje)	Zona 2 y zona 7
4.3. Afectividad-emotividad	Zona 4, zona 5 y zona 9
4.4. Ubicación en el entorno social	Zona 1 (piernas), zona 2 y zona 7
4.5. Principio de realidad	Zona 1 (pies) y zona 7
4.6. Dosificación-disciplina	Zona 2, zona 6, zona 7 y zona 8

Parentaje, maternaje y paternaje

Vamos a exponer, en primer lugar, el sentido que tienen estos términos en este contexto.

Parentaje: Entendemos por parentaje todas aquellas funciones que tienen que ver con lo que tradicionalmente se le viene asignando a las figuras parentales; es decir, a las madres y a los padres. Concibe como la suma de tareas que se le adjudican a los padres y a las madres en su quehacer educativo. Vamos a a señalarlas por separado.

Maternaje: Concepto directamente asociado a funciones femenino-maternas. Funciones también llamadas de acogida. Son aquellas que hacen referencia a cuidados de tipo materno, relacionados tanto con la nutrición como con el afecto.

Estas funciones están en relación con los cuidados que ejerce una madre con sus hijos menores de edad. Se especifican dos tipos de maternaje:

1. **Maternaje nutricio**. Tiene que ver con comidas bien condimentadas, cuidado de las prendas de vestir, confort de la vivienda…, y con todo lo que conlleva la organización del hogar.
2. **Maternaje sensitivo**. Caricias, mimos, masajes, abrazos y besos, higiene, baños y todo aquello que estimula el nivel sensitivo.

Paternaje: Se entiende con este concepto todo lo referente a lo que se asocia con lo masculino-paterno. Nos referimos a las funciones que se le asocian a los padres en las familias tradicionales. Tales funciones están en relación con temas de orientación, apertura social, elaboración de proyectos, seguridad en el entorno social, valoración personal y autoestima. Se trata de sentirse firme y seguro por situarse en una estabilidad proporcionada por la buena ubicación social del padre.

Acogida (estómago-piel)

En estas partes se graban las vivencias de tipo materno, tanto a nivel nutricio (estómago), como a nivel afectivo (piel), teniendo en cuenta que las patologías observadas en estos órganos pueden manifestarse tanto por exceso como por defecto. Por tanto, una persona puede tener un estómago sano y alteraciones en la piel, denotando que ha tenido vivencias adecuadas de tipo nutricio, pero no afectivo. De igual forma, una persona con una piel sana y un estómago enfermizo, denotaría que las vivencias de tipo afectivo han sido satisfactorias, pero no han sido adecuadas las vivencias que tienen que ver con un hogar nutricio.

Orientación (abdomen-cabeza)

En estas partes del cuerpo se van marcando las experiencias vividas en relación a roles masculino-paternos. Nos indican hasta qué punto las personas que tienen dañadas estas partes han vivido la relación con la figura paterna, profesorado, familiares adultos, profesionales en temas de salud. En definitiva, indican que en su vida esas figuras de autoridad han estado ausentes, no facilitándoles pautas de conducta, organización de vida, protección social, orientación y proyección de futuro.

Afectividad-emotividad (pecho-brazos-piel)

Estas partes del cuerpo se relacionan entre sí en cuanto a las experiencias afectivas vividas, teniendo en cuenta, por una parte, el afecto maternal y, por otra, el afecto social y de amistad. Correlacionan, asimismo, con los afectos y los sentimientos más profundos, que se ubican en el pecho.

Ubicación en el entorno social (piernas-abdomen-cabeza)

Estas partes del cuerpo se relacionan; cada una de ellas indica, facilita o dificulta la interacción de la persona con el medio en cuanto a su seguridad y posicionamiento. En estas partes se asientan los principios de reconocimiento y autoestima.

Las personas con enfermedad en el abdomen debido a su falta de seguridad, es probable que también tengan problemas en las piernas, lo que denotaría una inseguridad en la relación social.

Asimismo, la existencia de un abdomen enfermizo coincidente con piernas sanas puede mostrar comportamientos de autosuficiencia, puesto que lo que han conseguido ha sido debido a su propio esfuerzo. A veces se asocia dicha patología con desclasamiento (entendiendo por desclasamiento el hecho de que los padres y educadores fueron insuficientes como orientadores, aunque mantuvieran una buena relación afectiva. En definitiva, cuando existe desclasamiento es porque la instrucción recibida, la economía adquirida y el contexto social en que se vive son superiores a los del origen familiar).

Principio de realidad (pies-cabeza)

Estas partes están en relación con el asentamiento o evasión del entorno en que se vive. Así pues, si una cabeza sana indica buena estructura, cuando se da en una persona con alteración en los pies, nos daría muestras de que ese individuo, siendo conocedor de lo que le sucede, querría retirarse de su vida cotidiana.

Por otra parte, unos pies sanos con disfunción en la cabeza denotarían que esa persona, a pesar de las dificultades, no quiere retirarse y persiste en resolver aunque esa solución no sea posible. En clínica se denominaría tendencia neurótica, pero cuando en una persona coexiste una alteración orgánica en los pies y en la cabeza, podría denotar lo que clínicamente se denomina tendencia psicótica (evasión de la realidad).

Dosificación-disciplina (abdomen-cuello-cabeza-articulaciones)

Estas cuatro partes del cuerpo se relacionan con los roles tradicionales masculino-paternos, pues tienen que ver con orientación y proyección de futuro, seguridad, estabilidad y firmeza, así como con la disciplina y el equilibrio personal.

El cuello y las articulaciones también correlacionan en cuanto a finalizar lo que se inicia o saturación de procesos, realizar lo que se desea, llevar a cabo objetivos y proyectos. Tiene que ver con la satisfacción o insatisfacción en relación a vivir como se había planificado.

Herramienta psicodiagnóstica

El estudio de lo grabado en el cuerpo, que hemos venido enumerando hasta este momento, constituye una prueba objetiva e indirecta en relación al conocimiento o diagnóstico de nuestra personalidad, por lo que dicho estudio está menos sujeto a distorsión o modificación voluntaria. Es decir, se trata de obtener, a través de la sintomatología del cuerpo, una serie de datos que nos van a indicar con precisión qué nos ha ido sucediendo a lo largo de nuestra vida y por qué nos encontramos en la situación actual. Decimos, asimismo, que se trata de una prueba indirecta porque va surgiendo de manera espontánea en los síntomas que se graban en el cuerpo y no está sujeta a ningún tipo de valoración o interpretación.

Planilla de detección de síntomas

Nos vamos a servir de una planilla para darle valor numérico a la intensidad de la alteración que se somatiza en cada una de las partes del cuerpo. En primer lugar, en esa planilla se indica cómo se puntúa cada una de las partes a las que nos referimos. Se tiene en cuenta la lateralidad de la somatización (parte izquierda, parte derecha o parte central). Se señalan todas las incidencias habidas a lo largo de toda una vida, hasta el momento presente. Comprobamos las partes del cuerpo que se mantienen más sanas o más enfermas a lo largo de la vida y la evolución, tanto positiva como negativa.

Para cumplimentar la planilla hay que tener en cuenta las indicaciones que aparecen en el encabezamiento de la misma.

Y en las casillas del TOTAL de puntuación, que se encuentran al final de cada una de las partes del cuerpo, se colocará la suma de todas las puntuaciones que dará 10 como máximo resultado.

Obtendremos, del 0 al 10, el grado de enfermedad de cada una de esas partes y cuántas veces se repite en la parte derecha o en la parte izquierda. Así como si la dolencia se repite con frecuencia o es puntual.

Esquema corporal

Marque una cruz (X) a la izquierda de las dolencias que alguna vez ha tenido a lo largo de su vida. Si la dolencia se ha repetido con relativa frecuencia, subráyela, y si la padece actualmente, rodee con un círculo o ponga entre paréntesis la puntuación que aparece a la derecha.

Señale también si la dolencia pertenece a la parte izquierda del cuerpo (I) o a la derecha (D). La puntuación total en estos apartados consiste en sumar cuántas veces está afectada la parte izquierda o la parte derecha; por tanto, cuanto mayor sea el número de partes afectadas nos indicarán la debilidad de esa zona con su correspondiente lectura, dependiendo de la zona a la que nos estemos refiriendo. La suma total tanto de la izquierda como de la derecha que se han señalado en cada una de las partes del cuerpo, nos daría el total definitivo de si la parte izquierda o la parte derecha es la más afectada.

Por ejemplo, si en la cabeza me aparecen tres X en la parte izquierda; en extremidades superiores, dos X, y en inferiores, tres X, el total de partes izquierdas afectadas me darían un total de ocho partes afectadas, que se compararían con las partes afectadas que aparecieran en la parte derecha total.

Por ejemplo: Si me ha dolido en repetidas ocasiones el oído izquierdo (otitis), señalaría con una X la casilla a la izquierda de donde pone otitis. Asimismo, subrayaría otitis porque me ha dolido a menudo y, si me doliese en esta última temporada, pondría entre paréntesis o rodearía con un círculo la puntuación de 0,5 que corresponde a otitis. Y a su vez, volvería a señalar con otra X en la casilla que corresponde a la parte del oído izquierdo. (Observe en la planilla siguiente, en el apartado de la cabeza y el oído, otitis.)

	CABEZA		I	D
	Dolores	0,5		
	Oído			
	Vértigo (Menière)	0,5		
	Sordera	0,5		
X	Otitis	(0,5)		
	Nariz			
	Sinusitis	0,5		
	Desviación tabique	0,5		
	Catarros nasales	0,5		
	Olfato (alteraciones)	0,5		
	Secreción (alteraciones)	0,5		
	Boca			
	Caries-alter. de dientes	0,5		
	Inflamaciones	0,5		
	Ojos			
	Miopía, etc.	0,5		
	Conjuntivitis	0,5		
	Blefaritis (párpados)	0,5		
	Orzuelos	0,5		
	Cuero cabelludo y piel			
	Caspa	0,5		
	Grasa	0,5		
	Caída del cabello	0,5		
	Piel seca o grasa (cara)	0,5		
	Otros	0,5		
	TOTAL			

PECHO		I	D
Catarros bronquiales	1		
Tuberculosis	1		
Opresión	1		
Alteración de mama	1		
Costillas (fracturas, etc.)	1		
Taquicardia	1		
Asma	1		
Pleuritis	1		
Piel	1		
Otros	1		
TOTAL			

ESTÓMAGO		I	D
Úlceras (estóm., duod.)	1		
Gastritis	1		
Gases	1		
Acidez	1		
Náuseas-Vómitos	1		
Malas digestiones	1		
Hígado y vesícula	1		
Apetito (trastornos)	1		
Columna (dorsal baja)	1		
Otros (bazo, piel, etc.)	1		
TOTAL			

ABDOMEN		I	D
Riñones	1		
Gases	1		
Estreñimiento	1		
Diarreas	1		
Dolores	1		
Alteraciones genitales	1		
Alteraciones urinarias	1		
Apendicitis-Infecciones	1		
Columna terminal	1		
Otros (fístula, hemorroides)	1		
TOTAL			

PIEL		I	D
Piel áspera	1		
Hongos	1		
Alergias	1		
Heridas	1		
Eczemas	1		
Lunares	1		
Verrugas	1		
Piel sensible	1		
Envejecida	1		
Otros	1		
TOTAL			

CUELLO		I	D
Columna cervical, inmov.	3		
Dolor muscular	2		
Anginas	1		
Faringitis	1		
Ganglios	1		
Bocio	1		
Otros	1		
TOTAL			

EXT. SUPERIORES		I	D
Brazos			
Fracturas	2		
Piel	2		
Otros	2		
Antebrazos			
Fracturas	2		
Piel-Otros	2		
TOTAL			

MANOS		I	D
Artrosis/Dedos	2		
Mala circulación	2		
Uñas	2		
Manos torpes	2		
Sudoración	2		
TOTAL			

ARTICULACIONES		I	D
Muñecas	2,5		
Rodillas	2,5		
Tobillos	2		
Hombros	1		
Codos	1		
Caderas	1		
TOTAL			

EXT. INFERIORES		I	D
Muslos			
Celulitis-Piel	2		
Fracturas, etc.	2		
Piernas			
Circulación	2		
Fracturas	2		
Piel-Otros	2		
TOTAL			

PIES		I	D
Durezas	1		
Dedos	1		
Pie cavo	1		
Pie plano	1		
Sudoración	1		
Circulación	1		
Hongos	1		
Artrosis	1		
Uñas	1		
Otros	1		
TOTAL			

TENSIÓN ARTERIAL: | Baja | | Normal | | Alta | RITMO/ACTIVIDAD: | Diurno | | Nocturno |

Planilla de puntuaciones globales

Una vez obtenidas las puntuaciones totales en relación a la enfermedad en cada una de las partes del cuerpo señaladas en la planilla anterior de detección de síntomas, procedemos a cumplimentar la planilla siguiente. En esta, lo que vamos a señalar es el grado de salud en que se encuentra cada una de las zonas del cuerpo.

Para ello, en cada una de las partes de esta nueva planilla, al número 10, que sería la salud máxima, se le restan los puntos de enfermedad que hemos obtenido en la de detección de síntomas. Por ejemplo, si una persona ha obtenido en la planilla anterior en el apartado referente a la cabeza, 4 puntos de enfermedad, en esta siguiente, de puntuaciones globales, obtendría 6 puntos de salud (que resultan de restarle a 10 los 4 puntos de enfermedad). Una vez trasladadas todas las puntuaciones de enfermedad de la planilla de detección de síntomas a esta nueva planilla, nos encontraremos con el grado de salud en que se encuentran cada una de las partes del cuerpo.

De la misma manera que hemos señalado el total de las puntuaciones de cada una de las partes, señalamos también en esta nueva planilla la suma total de las veces que aparecen afectadas la parte izquierda y la parte derecha en cada una de las zonas correspondientes, obteniendo, por tanto, la comprobación de cuál de las partes (la izquierda o la derecha) es la más débil o la más fuerte. En el ejemplo anterior, hemos observado que la zona más débil con ocho puntos de afección podría ser la izquierda, siempre que la parte derecha tuviera menos puntos afectados.

Con estas planillas tenemos el resultado tanto de enfermedad como de salud que a lo largo de nuestra vida hemos obtenido en cada una de las partes de nuestro cuerpo. Asimismo, si queremos obtener la situación de nuestra salud actual, podemos proceder de la misma manera que hemos hecho anteriormente, pero utilizando las planillas solo teniendo en cuenta las últimas semanas.

Como conclusión, obtendremos dos esquemas corporales en relación a la salud. Uno, de toda la vida, donde nos indican los puntos débiles y los puntos fuertes de las partes del cuerpo, y otro, sobre la situación actual, pudiendo así comparar la evolución experimentada hasta el día en que se realiza la prueba.

A partir de ahí podremos ir elaborando una serie de consideraciones en relación al mapa de las zonas del cuerpo y a los indicadores de cada una de sus partes, anteriormente expuestos.

PLANILLA DE PUNTUACIÓN

Puntos de enfermedad = P.e.   Puntos de salud = P.s.

	A lo largo de la vida		Etapa actual	
	10 – P.e.	P.s.	10 – P.e.	P.s.
Cabeza	10 –		10 –	
Cuello	10 –		10 –	
Pecho	10 –		10 –	
Estómago	10 –		10 –	
Abdomen	10 –		10 –	
Ext. superiores	10 –		10 –	
Manos	10 –		10 –	
Ext. inferiores	10 –		10 –	
Pies	10 –		10 –	
Articulaciones	10 –		10 –	
Piel	10 –		10 –	
	Número total		Número total	
Parte izquierda				
Parte derecha				
Presión arterial	Normal	Baja	Alta	Normal	Baja	Alta
Ritmo	Nocturno	Diurno	Nocturno	Diurno

Conclusiones

Las zonas más sanas del cuerpo (en la puntuación de base, a lo largo de toda la vida) corresponden con aquellas áreas en que la persona está significativamente capacitada, son sus puntos fuertes. Por ejemplo, una persona con una puntuación alta en la cabeza tiene buena capacidad para estructurar, suele estar bien orientada y posiblemente tendrá alta autoestima. Esto es de particular importancia, puesto que a la hora de intervenir serán estas áreas los puntos de apoyo.

Ejemplos de psicogiagnóstico personal

Vamos a presentar dos ejemplos de psicodiagnóstico individualizado que nos haga comprender cómo se cumplimentan las correspondientes casillas y poder posteriormente efectuar la lectura pertinente.

Para realizar el estudio adecuado necesitamos los dos tipos de planillas que hemos presentado anteriormente. En la primera aparecen las partes del cuerpo de donde vamos a extraer la correspondiente lectura y en la segunda donde trasladamos las puntuaciones obtenidas, de las cuales vamos a extraer las oportunas consideraciones.

Esquema corporal de una mujer

La persona de nuestro ejemplo es una mujer de 30 años, soltera, con estudios universitarios, que reside en una ciudad de 300.000 habitantes.

CABEZA			I	D
X	Dolores	0,5		
	Oído			
	Vértigo (Menière)	0,5		
	Sordera	0,5		
X	Otitis	(0,5)	X	
	Nariz			
X	Sinusitis	0,5		
	Desviación tabique	0,5		
X	Catarros nasales	0,5		
	Olfato (alteraciones)	0,5		
	Secreción (alteraciones)	0,5		
	Boca			
X	Caries-alter. de dientes	0,5	X	X
	Inflamaciones	0,5		
	Ojos			
X	Miopía, etc.	0,5	X	X
X	Conjuntivitis	0,5	X	X
	Blefaritis (párpados)	0,5		
X	Orzuelos	0,5	X	X
	Cuero cabelludo y piel			
	Caspa	0,5		
X	Grasa	0,5		
X	Caída del cabello	0,5		
	Piel seca o grasa (cara)	0,5		
	Otros	0,5		
	TOTAL	5	5	4

PECHO			I	D
	Catarros bronquiales	1		
	Tuberculosis	1		
	Opresión	1		
X	Alteración de mama	1		
	Costillas (fracturas, etc.)	1		
	Taquicardia	1		
	Asma	1		
	Pleuritis	1		
	Piel	1		
	Otros	1		
	TOTAL	1		

ESTÓMAGO			I	D
	Úlceras (estóm., duod.)	1		
	Gastritis	1		
X	Gases	1		
X	Acidez	1		
X	Náuseas-Vómitos	1		
	Malas digestiones	1		
	Hígado y vesícula	1		
	Apetito (trastornos)	1		
	Columna (dorsal baja)	1		
	Otros (bazo, piel, etc.)	1		
	TOTAL	3		

ABDOMEN			I	D
	Riñones	1		
	Gases	1		
X	Estreñimiento	1		
X	Diarreas	1		
	Dolores	1		
X	Alter. Genitales	1		
X	Alter. Urinarias	1		
	Apendicitis-Infecciones	1		
X	Columna terminal	(1)		
X	Otros (fístula, hemorroides)	1		
	TOTAL	6		

PIEL			I	D
	Piel áspera	1		
	Hongos	1		
	Alergias	1		
	Heridas	1		
X	Eczemas	1	X	
	Lunares	1		
X	Verrugas	1	X	
	Piel sensible	1		
	Envejecida	1		
	Otros	1		
	TOTAL	2	2	

CUELLO		I	D
	Columna cervical, inmov.	3		
X	Dolor muscular	2		
	Anginas	1		
	Faringitis	1		
	Ganglios	1		
	Bocio	1		
X	Otros	(1)		
	TOTAL	3		

EXT. SUPERIORES		I	D
	Brazos			
	Fracturas	2		
	Piel	2		
	Otros	2		
	Antebrazos			
	Fracturas	2		
	Piel-Otros	2		
	TOTAL	0		

MANOS		I	D
	Artrosis/Dedos	2		
X	Mala circulación	(2)	X	X
	Uñas	2		
X	Manos torpes	(2)	X	X
X	Sudoración	(2)	X	X
	TOTAL	6	3	3

ARTICULACIONES		I	D
	Muñecas	2,5		
X	Rodillas	2,5	X	X
X	Tobillos	(2)	X	X
X	Hombros	1	X	X
	Codos	1		
X	Caderas	1	X	
	TOTAL	6,5	4	3

EXT. INFERIORES		I	D
	Muslos			
X	Celulitis-Piel	(2)	X	X
	Fracturas, etc.	2		
	Piernas			
X	Circulación	(2)	X	X
	Fracturas	2		
	Piel-Otros	2		
	TOTAL	4	2	2

PIES		I	D
X	Durezas	(1)	X	X
	Dedos	1		
	Pie cavo	1		
	Pie plano	1		
	Sudoración	1		
X	Circulación	(1)	X	X
X	Hongos	1	X	X
	Artrosis	1		
	Uñas	1		
X	Otros	(1)	X	X
	TOTAL	4	4	4

TENSIÓN ARTERIAL: Baja | Normal X | Alta   **RITMO/ACTIVIDAD:** Diurno | Nocturno X

PLANILLA DE PUNTUACIONES

	A lo largo de la vida		Etapa actual	
	10 – P.e.	P.s.	10 – P.e.	P.s.
Cabeza	10 – 5	5	10 – 0,5	9,5
Cuello	10 – 3	7	10 – 1	9
Pecho	10 – 1	9	10 – 0	10
Estómago	10 – 3	7	10 – 0	10
Abdomen	10 – 6	4	10 – 1	9
Ext. superiores	10 – 0	10	10 – 0	10
Manos	10 – 6	4	10 – 6	4
Ext. inferiores	10 – 4	6	10 – 4	6
Pies	10 – 4	6	10 – 3	7
Articulaciones	10 – 6,5	3,5	10 – 2	8
Piel	10 – 2	8	10 – 0	10
	Número total		Número total	
Parte izquierda	20		15,5	
Parte derecha	16		15,5	

	A lo largo de la vida			Etapa actual		
Presión arterial	Normal	Baja	Alta	Normal	Baja	Alta
	X			X		

	A lo largo de la vida		Etapa actual	
Ritmo	Nocturno X	Diurno	Nocturno X	Diurno

Lectura psicodiagnóstica

En relación a las puntuaciones obtenidas en lo que se refiere «a lo largo de la vida», podemos considerar los siguientes aspectos:

En cuanto a parte izquierda-parte derecha del cuerpo

Como esta persona ha presentado mayor dificultad en la parte izquierda de su cuerpo, según indican las puntuaciones con mayor número de afecciones obtenidas, podemos señalar o bien que no ha recibido de forma adecuada los nutrientes necesarios para un correcto desarrollo, o puede ser que experimente un desgaste en su quehacer cotidiano por realizar una entrega excesiva. Por tanto, podemos concluir que, a tenor de estas puntuaciones, o ha recibido poco o ha entregado en exceso.

En cuanto a las diferentes zonas

Las **puntuaciones más altas** están en el *pecho* y las *extremidades superiores*. Según las indicaciones que se han dado previamente, en relación al significado que le otorgamos en este estudio, estas puntuaciones nos indican que se trata de una persona que se acepta a sí misma, que tiene ganas de vivir, apuesta por ella, es capaz de crear vínculo. Asimismo, posee facilidad para las relaciones de intercambio entre iguales (amigos, compañeros, socios, etc.).

Las **puntuaciones más bajas** se encuentran en la *cabeza*, el *abdomen*, las *manos* y las *articulaciones*. Por lo tanto, y según lo anteriormente expuesto, nos presentan a una persona que posiblemente no ha recibido una suficiente orientación ni una suficiente planificación; es posible que no exista un buen autoconcepto, que sobrepase sus capacidades y tenga necesidad de reconocimiento y aprobación.

No se siente protegida ni valorada. Presenta baja autoestima e inseguridad. Al tener las manos con puntuación baja es posible que tienda a evitar las relaciones protocolarias, marque distancias y presente dificultades en las relaciones de primeros contactos.

Al presentar puntuaciones bajas en las articulaciones nos lleva a considerar que no sea constante en sus actuaciones y que no sature procesos; es decir, que no acabe lo que empieza. Se exige, se reta, se sobrecarga; es posible que se trate de una persona de irregularidad en las acciones.

En cuanto a la presión arterial y al ritmo biológico

Al señalar su presión arterial como normal y su ritmo biológico nocturno, nos indica que es posible que se trate de una persona con facilidad para las relaciones colectivas; le gusta la convivencia con grupos, aunque en algún momento podría ser que presentara una tendencia invasiva, entendiendo por tendencia invasiva una forma de comportamiento que lleva a las personas a insistir en los temas aunque no se resuelvan, y en términos psicológicos puede tratarse de pensamientos reiterativos.

Hay que señalar el proceso evolutivo tan positivo que se ha experimentado en esta persona e indicar, asimismo, que en cuanto a sus puntuaciones más bajas, en las manos sigue manifestando su deseo de respetar la intimidad, así como el de no aparecer como figura de atención en las reuniones o encuentros grupales.

Y en cuanto a la puntuación en piernas, señala que le supone un esfuerzo el encuentro con los temas sociales al no sentirse segura para afrontar determinadas dificultades.

Esquema corporal de un hombre

El esquema corporal de las siguientes páginas corresponde a un hombre de 36 años, casado y con dos hijos. Vive en un barrio de una ciudad de 200.000 habitantes.

	CABEZA		I	D
X	Dolores	(0,5)	X	X
	Oído			
X	Vértigo (Menière)	0,5		
	Sordera	0,5		
X	Otitis	(0,5)		X
	Nariz			
	Sinusitis	0,5		
	Desviación tabique	0,5		
X	Catarros nasales	0,5	X	
	Olfato (alteraciones)	0,5		
	Secreción (alteraciones)	0,5		
	Boca			
X	Caries-alter. de dientes	(0,5)	X	X
X	Inflamaciones	0,5		X
	Ojos			
X	Miopía, etc.	(0,5)	X	X
X	Conjuntivitis	0,5	X	X
	Blefaritis (párpados)	0,5		
	Orzuelos	0,5		
	Cuero cabelludo y piel			
	Caspa	0,5		
X	Grasa	0,5		
	Caída del cabello	0,5		
X	Piel seca o grasa (cara)	(0,5)		
X	Otros	(0,5)		
	TOTAL	5,5	5	5

	PECHO		I	D
	Catarros bronquiales	1		
	Tuberculosis	1		
X	Opresión	(1)		
	Alteración de mama	1		
	Costillas (fracturas, etc.)	1		
	Taquicardia	1		
	Asma	1		
	Pleuritis	1		
X	Piel	1		
	Otros	1		
	TOTAL	2		

	ESTÓMAGO		I	D
	Úlceras (estóm., duod.)	1		
	Gastritis	1		
	Gases	1		
X	Acidez	(1)		
X	Náuseas-Vómitos	1		
	Malas digestiones	1		
X	Hígado y vesícula	1		
	Apetito (trastornos)	1		
X	Columna (dorsal baja)	(1)		
	Otros (bazo, piel, etc.)	1		
	TOTAL	4		

	ABDOMEN		I	D
X	Riñones	1		
X	Gases	1		
	Estreñimiento	1		
X	Diarreas	1		
X	Dolores	1		
	Alter. Genitales	1		
	Alter. Urinarias	1		
	Apendicitis-Infecciones	1		
X	Columna terminal	(1)		
X	Otros (fístula, hemorroides)	1		
	TOTAL	5		

	PIEL		I	D
	Piel áspera	1		
	Hongos	1		
	Alergias	1		
X	Heridas	(1)	X	
	Eczemas	1		
X	Lunares	1	X	X
X	Verrugas	1	X	X
	Piel sensible	1		
	Envejecida	1		
	Otros	1		
	TOTAL	3	3	2

	CUELLO		I	D
X	Columna cervical, inmov.	(3)		
X	Dolor muscular	(2)		
	Anginas	1		
	Faringitis	1		
	Ganglios	1		
	Bocio	1		
	Otros	1		
	TOTAL	5		

	EXT. SUPERIORES		I	D
	Brazos			
	Fracturas	2		
	Piel	2		
X	Otros	2	X	X
	Antebrazos			
	Fracturas	2		
	Piel-Otros	2		
	TOTAL	2	1	1

	MANOS		I	D
	Artrosis/Dedos	2		
	Mala circulación	2		
X	Uñas	2		X
	Manos torpes	2		
	Sudoración	2		
	TOTAL	2	0	1

	ARTICULACIONES		I	D
	Muñecas	2,5		
X	Rodillas	(2,5)	X	X
X	Tobillos	2	X	
X	Hombros	1	X	X
	Codos	1		
X	Caderas	(1)		X
	TOTAL	6,5	3	4

	EXT. INFERIORES		I	D
	Muslos			
	Celulitis-Piel	2		
X	Fracturas, etc.	2		X
	Piernas			
	Circulación	2		
	Fracturas	2		
	Piel-Otros	2		
	TOTAL	2		1

	PIES		I	D
X	Durezas	(1)	X	X
	Dedos	1		
	Pie cavo	1		
	Pie plano	1		
	Sudoración	1		
	Circulación	1		
	Hongos	1		
	Artrosis	1		
X	Uñas	(1)	X	X
	Otros	1		
	TOTAL	2	2	2

TENSIÓN ARTERIAL: Baja | Normal X | Alta   **RITMO/ACTIVIDAD:** Diurno | Nocturno X

PLANILLA DE PUNTUACIONES

	A lo largo de la vida		Etapa actual	
	10 – P.e.	P.s.	10 – P.e.	P.s.
Cabeza	10 – 5,5	4,5	10 – 2,5	7,5
Cuello	10 – 5	5	10 – 5	5
Pecho	10 – 2	8	10 – 1	9
Estómago	10 – 4	6	10 – 2	8
Abdomen	10 – 5	5	10 – 1	9
Ext. superiores	10 – 2	8	10 – 0	10
Manos	10 – 2	8	10 – 0	10
Ext. inferiores	10 – 2	8	10 – 0	10
Pies	10 – 2	8	10 – 2	8
Articulaciones	10 – 6,5	3,5	10 – 3,5	7,5
Piel	10 – 3	7	10 – 1	9
	Número total		Número total	
Parte izquierda	14		7	
Parte derecha	17		7,5	
Presión arterial	Normal	Baja	Alta	Normal	Baja	Alta
	X			X		
Ritmo	Nocturno X	Diurno	Nocturno X	Diurno

Lectura psicodiagnóstica

En relación a las puntuaciones obtenidas en lo que se refiere «a lo largo de la vida», podemos considerar los siguientes aspectos:

En cuanto a parte izquierda-parte derecha del cuerpo

Como el número de afecciones es mayor en la parte derecha, denota que su relación con el entorno ha sido conflictiva o ha tenido dificultades al relacionarse con los demás. Esta persona, al parecer, no ha encontrado en los demás un adecuado medio de comunicación o comprensión, pues la parte derecha del cuerpo, como se indicó anteriormente, tiene que ver con la dificultad o facilidad que presentan los que nos rodean a la hora de encontrarnos con ellos. En este ejemplo, por tanto, el esquema corporal indica que el entorno ha sido el causante de una mala relación.

En cuanto a las diferentes zonas

En este esquema corporal lo más significativo son las puntuaciones más bajas: 3,5 en las articulaciones, 4,5 en la cabeza, 5 en el cuello y 6 en el abdomen. No encontrándose puntuaciones significativamente más altas.

Con este esquema corporal podemos señalar que este hombre ha vivido de forma bastante autodidacta, donde él mismo ha sido el que ha orientado su propia vida sin tener a su alcance figuras de autoridad a quien recurrir a la hora de tomar decisiones. Ha resuelto lo mejor que ha podido en los momentos de tomar decisiones, sin más asesoramiento que su propio parecer. Popularmente, se diría que «ha hecho siempre lo que le ha dado la gana» (puntuaciones bajas en abdomen y articulaciones).

Es muy probable que haya tenido un padre distante o ausente, o que las personas adultas que le han rodeado no hayan sido de adecuada referencia para él y no les haya pedido opinión para sus actuaciones.

También podemos señalar que se trata de un hombre que, o bien no ha tenido proyectos importantes a los que enfocar su vida (puntuación en la cabeza) o que, si los ha tenido, no ha dispuesto de la oportunidad de llevarlos a cabo, pues su puntuación en articulaciones nos dice que no acababa lo que empezaba o, por su puntuación en el cuello, que no llega a realizar lo que desea.

Las puntuaciones más altas señalan a un hombre que «se ha hecho a sí mismo», con fuerza de voluntad (piernas), con facilidad para las relaciones de amigos, compañeros y socios (brazos), con capacidades para las relaciones protocolarias y comerciales (manos), sensible y dispuesto a la acogida (pecho y estómago), con un buen sentido de la realidad; no se engaña a sí mismo y comprende la situación en la que se encuentra (pies).

La puntuación intermedia, un 7 en piel, nos indica que el afecto, el mimo, la caricia sensitiva, sin que hayan sido muy abundantes, le han resultado suficientes y no experimenta patologías referentes a esos temas.

En cuanto a la presión arterial y al ritmo biológico

Como en el ejemplo número uno, se trata de un esquema corporal que al señalar su presión arterial como normal y su ritmo biológico nocturno, nos indica que es posible que se trate de una persona con facilidad para las relaciones colectivas y le guste la convivencia con grupos, aunque en algún momento podría presentar una tendencia invasiva, entendiendo por tendencia invasiva una forma de comportamiento que lleva a las personas a insistir en los temas, aunque no se resuelvan, y en términos psicológicos puede tratarse de pensamientos reiterativos.

En relación a las puntuaciones en el momento actual

Indican que este hombre ha evolucionado muy positivamente en todos los aspectos, quedando una llamada de atención en cuanto a consolidar proyectos (cabeza), buscar asesoramiento (articulaciones) y finalizar lo que comience (articulaciones).

Psicodiagnóstico grupal

Esquema corporal colectivo

Si cada órgano en buen funcionamiento facilita la salud del sistema físico, cada sujeto ejerciendo su función correspondiente facilita, asimismo, la salud del contexto grupal.

Lo mismo que hemos indicado con un solo sujeto, sugerimos hacer el esquema corporal con varias personas, ya sean amigos, familiares, compañeros de trabajo, etc. Consiste en anotar cada uno su puntuación personal en su correspondiente planilla, e ir cogiendo las puntuaciones más altas de cada uno y configurar un esquema corporal con tales valores, teniendo en cuenta, por tanto, que cada miembro del colectivo aporta lo mejor de sí mismo y con ello obtendríamos un esquema grupal con sus mejores características.

Del mismo modo podemos elaborar un esquema corporal con las puntuaciones más bajas de los miembros del grupo, obteniendo así las indicaciones de cuáles son los puntos débiles o carencias que se manifiestan en dicho grupo. De esta manera, al recoger las puntuaciones más altas por un lado y, por otro, las más bajas, y elaborar así dos esquemas corporales grupales, podemos obtener la información de cuáles son las fortalezas y puntos fuertes de ese colectivo con sus consecuentes correspondencias, y poder apoyar tales fortalezas para ir eliminando progresivamente, con un plan de acción, las debilidades o carencias de este colectivo.

En consecuencia, lo que obtenemos es una toma de conciencia de cuáles son los puntos fuertes de cada uno y de que el grupo puede ser un complemento de aquello que supone una dificultad personal. Esta forma de trabajar en grupo es un facilitador para las relaciones familiares, laborales, sociales, etc., pues nos marca con precisión y nos diagnostica las características y estado de cada persona, sus tendencias, el tipo de experiencias vividas, sus partes fuertes o débiles, obteniendo de tal manera un conocimiento de los demás que facilite las relaciones entre todos.

Parece necesario indicar que el conocimiento del esquema corporal debería ser un facilitador de las relaciones, teniendo en cuenta lo mejor de cada una de las personas que formamos el grupo, para poder relacionarnos desde ahí y, asimismo, al ser conocedores de nuestros puntos débiles y de los de los demás, evitar que las relaciones se establezcan desde esas debilidades y no favorecer posibles conflictos.

Características de autoridad

Al tener en cuenta las relaciones interpersonales, no podemos olvidar en el contexto cultural en que hemos sido educados y, por tanto, hay una serie de conceptos con un determinado valor con el que observamos a otros y somos observados por los demás.

Exponemos una relación de principios por los cuales podemos cotejar hasta qué punto consideramos que actuamos de una manera correcta y también conocer en qué concepto nos tienen las personas que conviven con nosotros.

Presentamos una planilla donde aparecen, de una parte, conceptos de alto valor, considerados como valores a desarrollar por personas con alto desarrollo humano que se supone, por tanto, que son personas con un alto nivel de autoridad personal, frente a sus correspondientes antónimos. La forma de rellenar esta planilla consiste en señalar del 1 al 10 hacia qué lado se inclina la visión que tengo de mí. Esta planilla se puede utilizar también para que otras personas que conviven con nosotros señalen (aunque sea de forma anónima) la visión que tienen sobre nuestros comportamientos.

	1	2	3	4	5	6	7	8	9	10	
Alteración emocional											Serenidad
Soberbia											Humildad
Torpeza											Inteligencia
Hipocresía											Sinceridad
Indisciplina											Disciplina
Debilidad											Fortaleza
Arrogancia											Afabilidad
Irresponsabilidad											Responsabilidad
No respetar acuerdos											Respetar acuerdos
Anarquía											Coherencia
Inaccesibilidad											Accesibilidad
Antipatía											Amabilidad
Rigidez											Flexibilidad
Autodidacta											Se asesora
Individualismo											Participación
Sometimiento											Autonomía
Duda											Certeza
Inseguridad											Seguridad
Marginación											Solidaridad
Mentira											Veracidad

Parte II

Tratamiento personalizado

La investigación que venimos presentando relaciona la sintomatología que se observa en el cuerpo con las experiencias vividas a lo largo de la existencia. Por tanto, se trata de, partiendo de los síntomas orgánicos, sean o no patológicos, acercarnos a los orígenes que los provocaron para poder efectuar el correspondiente tratamiento si se requiere, o mantener la salud existente.

Partimos del hecho de que cuando los diferentes niveles de la persona, tanto físicos como intelectuales y afectivos, no están cubiertos de forma suficiente, constituyen un impedimento al desarrollo integral, y de ahí la aparición de los conflictos o trastornos que se manifiestan en determinados síntomas patógenos, que pueden ser originados por causas orgánicas o psíquicas y que obedecen a un origen o causa última.

Según estas consideraciones, cuando el cuerpo no presenta síntomas patológicos, se deduce que la persona está en salud. Entendiendo por salud el equilibrio resultante de dejar salir el potencial que cada ser humano llevamos dentro y que, en definitiva, trata de que emerjan las características de esencia, que son la integridad, la solidaridad, la libertad y el amor que nos configuran.

Vamos, pues, en este segundo capítulo, a explicar las razones por las cuales las personas podemos sentirnos en armonía o en desajuste, siendo conocedores de que todos deberíamos encontrarnos en un continuo bienestar, pues la naturaleza de todo ser humano debería ser la de nacer y mantenerse en salud. Para ello hemos de configurar un plan de acción donde las actividades cotidianas nos lleven a recuperar o mantenernos en el equilibrio que nos corresponde. Como esto no sucede habitualmente, vamos a investigar el por qué de estas situaciones.

Síntomas, trastornos y causas

Al igual que en medicina, en psicología existe un tratamiento sintomático y un tratamiento causal. El tratamiento sintomático va dirigido a aliviar el síntoma, pero para recuperar la salud es absolutamente necesario conocer las causas que provocan los síntomas y de esta manera poder actuar sobre ellas.

En las corrientes terapéuticas que van dirigidas no a la mejoría del síntoma, sino a la sanación, es imprescindible actuar sobre las causas. De esta forma se obtienen las claves para no volver a enfermar, para promocionar la salud.

Síntomas

Son manifestaciones externas concretas que pueden obedecer a múltiples causas y que pueden ser los mismos en diferentes conflictos. Un síntoma en un trastorno médico es, por ejemplo, la tos. Este síntoma es simplemente una llamada de atención de que algo no funciona; no es, en sí, suficiente para el diagnóstico, ya que esa tos puede deberse a un catarro, un asma, un cáncer, etc.

Los síntomas a nivel psíquico tienen exactamente el mismo significado, llaman simplemente la atención hacia la existencia del conflicto. Generalmente se manifiestan a nivel físico (dolor, llanto, opresión en el pecho, etc.). Esto no quiere decir, sin embargo, que su origen sea físico. El origen de un mismo síntoma puede ser a veces físico, a veces afectivo y otras veces intelectual.

Pongamos un ejemplo: El síntoma «llanto» tiene una expresión física; sin embargo, su origen puede ser físico si el llanto se debe a dolor por una quemadura; afectivo, si se debe a la pérdida de un ser querido, o intelectual, si la persona llora porque piensa que es un fracasado.

Trastornos

Raras veces se observa un síntoma aislado, generalmente suele haber agrupaciones características de síntomas que se etiquetan como un trastorno específico. Así, si tenemos la agrupación taquicardia, sudoración, opresión, vértigo y temor incontrolado, podemos hablar de que existe un trastorno de ansiedad.

El diagnosticar un trastorno puede servir para establecer una terapia sintomática determinada, pero no es en sí mismo suficiente para la sanación. Si no conocemos las causas de un trastorno de ansiedad, podremos hacer remitir los síntomas, pero no impedir la aparición de una nueva crisis en el futuro. Del mismo modo que el diagnosticar una neumonía no es suficiente para su curación; para eso es necesario saber el agente que la causa.

Causas

Son las responsables últimas de la aparición de los trastornos. Generalmente son carencias primarias que suelen arrastrarse desde la infancia y que no han sido compensadas adecuadamente en la vida adulta.

Con frecuencia hay grados de intensidad en estas causas y también a menudo no son puras, sino que en la génesis de un trastorno pueden concurrir varios factores.

Se hace, por tanto, necesaria una intervención en el origen de los trastornos, que consiste en aportar diferentes nutrientes que satisfagan las necesidades de las estructuras orgánicas, intelectuales y afectivas de cada sujeto.

Esta correcta atención tiene que ver con la necesidad innata en cada persona de ser acogidos y orientados desde el nacimiento hasta el final de la existencia. A esta acogida y orientación es lo que en determinados campos del desarrollo humano se entiende como continua filiación, teniendo en cuenta que la infancia desaparece con los años y la filiación permanece de por vida.

Buen trato: principios básicos

Tratar bien tiene que ver con atender y nutrir de forma adecuada las diferentes necesidades que cada organismo requiere, teniendo en cuenta, asimismo, la dosificación en cada sujeto.

Entre los principios a tener en cuenta para un buen trato, señalamos los siguientes:

1. **Prestar atención a uno mismo.** Dedicarse tiempo. Escucharse. Propiciar encuentros de expresión para poder comentar experiencias vividas, logros conseguidos, futuros proyectos, etc. De lo contrario, se corre el riesgo de exigir en momentos no adecuados y de forma inoportuna una atención de índole infantil.

2. **Valoración.** Todo ser humano necesita sentir que alguien de reconocida valía lo tiene en cuenta, lo valora. Esta valoración no tiene que ver con un reconocimiento a las tareas realizadas, sino en relación a lo que se es, a la esencia de ser personas, a la grandeza interior de cada sujeto. Este tipo de valoración conlleva irremediablemente a la autoestima: «Sé qué soy y me siento válido porque alguien de resultados observables así me considera, y mi valía interior, que es consustancial a mi persona, se activa y se reconoce como tal».

3. **Comunicación de forma clara y precisa.** Un buen trato está relacionado, asimismo, con una intercomunicación correcta, adecuada y precisa. Al comunicarnos, es necesario tener en cuenta un lenguaje común que evite malentendidos y confusiones. Es imprescindible utilizar los mismos conceptos o muy similares cuando queremos expresar las mismas cosas en diferentes momentos; esto nos facilita esa claridad indispensable para la comprensión del otro y el sentirnos a su vez, comprendidos. Nuestra comunicación debería ser evidente y poder así evitar las interpretaciones no oportunas, aunque cada sujeto se exprese desde su opinión o punto de vista peculiar.

4. **Respetar los procesos madurativos individuales.** Como hemos dicho en el punto anterior, cada persona tiene su peculiar forma de evolucionar, comprender y asimilar la vida que le llega. Por tanto, no cabe la comparación. Se trata de fomentar la singularidad, la importancia de la diferencia que enriquece. Sacar lo mejor de cada uno sin incitar a ser el mejor en algo.

5. **«Introyección» de la autoridad: empoderamiento.** Consiste en sentir personalmente nuestro propio poder, que cada uno de nosotros es responsable de sus propias acciones y, por tanto, toma la decisión de ejecutarlas o no. Esta autoridad proviene del despertar de nuestra propia valía como seres humanos, valía que emerge cuando alguien, conocedor y ejecutor de su propia valía personal, nos reconoce e impul-

sa a que seamos nosotros los directores de nuestro plan de acción, ya que el ser humano no tiene amo ni dueño.

6. **Asumir nuestras propias responsabilidades**. Nuestra tarea es asumir y responsabilizarnos de todas cuantas acciones acometamos, de ahí nuestra obligación de valorar y tener en cuenta las consecuencias de tales actos. Como adultos, tenemos la obligación de ocuparnos de nosotros mismos, así como de menores a nuestro cargo. Es, por tanto, imprescindible entender que los menores que nos rodean necesitan personas a su alrededor como auténticos referentes de vida. Nuestra sociedad necesita que seamos referentes para otros y que, responsabilizándonos de nuestras propias acciones, fomentemos el desarrollo de un mundo mejor.

7. **Recibir y mostrar afecto**. Necesitamos sentir que somos apreciados de una manera tangible. No solamente sienta bien el que alguien te diga que te aprecia, es imprescindible que nuestra piel reciba el roce de una caricia como expresión del afecto que alguien nos tiene. De la misma manera, toda persona desea expresar sus sentimientos a través de demostraciones afectivas. La capacidad para querer y ser querido es inherente y consustancial a la esencia de todo ser humano, pertenece a su naturaleza.

8. **Orientación**. Tiene que ver con saber dónde dirigirse, en qué dirección avanzar, qué objetivos conseguir… Se hace necesario disponer de guías, asesores

y expertos que vayan marcando las pautas que como especialistas recomiendan para la mejor consecución de tales objetivos. La exigencia para alcanzar el destino ha de ir en función de la capacidad de cada individuo, intentando no mentirse a sí mismos ni crear expectativas.

9. **Evitar la queja**. Saber pedir lo que se necesita es más adecuado que quejarse de lo que no gusta o no se tiene. Se trata de resolver la dificultad, no de quejarse de ella.

10. **Delimitar**. Los límites adecuados son necesarios para la consecución de lo previsto y van facilitando la inserción de los principios de autoridad.

Plan de vida

Entendemos por plan de vida:

— Incorporar acciones adecuadas y dosificadas, ordenadas en el tiempo y ajustadas a las necesidades de cada persona.

— Evitar acciones nocivas y de consecuencias no adecuadas.

A nivel cotidiano, un plan de vida tiene que ver con qué hacer de forma correcta, desde que nos levantamos hasta que nos vamos a dormir. Se trata, por tanto, de atender a las necesidades orgánicas, afectivas, intelectuales y espirituales de cada uno, teniendo en cuenta que cada persona tiene una forma peculiar de evolución y una diferente dosificación a la hora de administrar nutrientes.

Sugerencias de correcta atención

Sugerimos hacer un recorrido por nuestra memoria acerca de las vivencias que hemos tenido, tanto de contenido agradable como desagradable.

El recuerdo de los momentos gratos nos llevará a plantearnos qué hicimos para obtener tal resultado beneficioso y el recuerdo de los momentos desagradables nos hará plantearnos qué debemos evitar para no obtener ese desagradable resultado.

Vamos, por tanto, a enumerar una serie de actividades que de forma general se consideran adecuadas y agradables, y recordaremos, asimismo, otra serie de acciones no recomendables para evitar consecuencias no deseables.

Actividades adecuadas

ACCIONES ADECUADAS A NIVEL FÍSICO	CONSECUENCIAS SATISFACTORIAS A NIVEL FÍSICO
Higiene.	Gusto al verme.
Estética.	
Deporte.	Tono vital: vibración, energía, fuerza, vigor, excitación.
Respiración consciente.	
Hidratación.	Piel hidratada.
Alimentación correcta.	Peso adecuado.
Horas suficientes de sueño.	Descanso.
Ejercicios de relajación.	
Postura adecuada.	
Estimulación de los sentidos:	Disfrutar de los sentidos:
Contemplación de la belleza.	Vista.
Contacto con la naturaleza.	Oído.
Escuchar música.	Olfato.
Momentos de silencio.	Gusto.
Evitar ruidos desagradables.	Tacto.
Utilizar perfumes.	
Alejarse de malos olores.	
Saborear la comida.	
Caricias / Besos / Contacto físico. .	
Masajes.	
Sexo / Hacer el amor.	Gozo.
Desperezarse.	Sensación placentera.
Rascarse.	
Bostezar.	
Relajar esfínteres.	
Ver deportes.	
Bailar.	Alegría, disfrute estético.
Cantar.	
Pintar.	
Jugar.	
Intervenciones médicas adecuadas.	Estimula la salud.

ACCIONES ADECUADAS A NIVEL AFECTIVO	CONSECUENCIAS SATISFACTORIAS A NIVEL AFECTIVO
Relaciones / provocar encuentros favorables con personas de diferentes ámbitos (referenciales, amigos, etc.).	Complicidad. Receptividad. Acogida. Alegría.
Contacto físico: abrazos, caricias, besos, etc.	Tranquilidad. Afecto. Confianza.
Planificación y/o consecución de metas, proyectos, objetivos, deseos. Direccionalidad. Aficiones.	Gozo. Emoción. Rentabilidad. Satisfacción. Ganas de vivir. Fuerza. Ilusión. Paz. Motivación. Buen humor.
Recibir sin dar a cambio.	Agradecimiento. Satisfacción.
Actuar en gratuidad (mostrar afecto, cariño, acoger).	Armonía. Equilibrio. Calma. Alegría.

ACCIONES ADECUADAS A NIVEL INTELECTUAL	CONSECUENCIAS SATISFACTORIAS A NIVEL INTELECTUAL
Ordenar. Organizar. Planificar.	Estructura. Rendimiento. Rentabilidad. Equilibrio. Tiempo propio.
Acciones instructivas (lecturas, actividades culturales, información en general).	Autoconcepto (desarrollo intelectual, curriculum). Claridad mental.
Asesoramiento con expertos.	Seguridad. Fiabilidad. Confianza. Certeza. Discernimiento. Lucidez mental.
Atrevimiento. Intuición.	Apertura mental. Creatividad.
Espontaneidad. No queja. No juicio.	Vivacidad. Calma mental. Autonomía. Valoración personal.
Actuar en función de mí y no en función de la imagen.	Fortaleza. Libertad. Autovaloración.
Disciplina.	Fuerza de voluntad. Superación.
Agudeza mental.	Sonrisa, risa.

Actividades inadecuadas

ACCIONES NO ADECUADAS A NIVEL FÍSICO	CONSECUENCIAS DESAGRADABLES A NIVEL FÍSICO
Alimentación desorganizada o malnutrición.	Alteración de peso.
	Bajo nivel de energía.
	Debilidad física.
Consumo de sustancias tóxicas.	Ansiedad.
	Crisis de pánico.
	Alteración del sistema nervioso.
Vida sedentaria.	Contracturas musculares.
	Fragilidad física.
Descanso no adecuado.	Agotamiento.
	Cansancio.
	Insomnio.
	Dolores de cabeza.
	Fatiga.
	Mareos.

ACCIONES NO ADECUADAS A NIVEL INTELECTUAL	CONSECUENCIAS DESAGRADABLES A NIVEL INTELECTUAL
Autodidacta / no asesoramiento.	Inseguridad.
	Baja autoestima.
	Inflexibilidad.
	Desorientación.
	Complejos.
	Desconfianza.
	Exigencia.
	Sensación de inferioridad.
	Hiperresponsabilidad.
	Susceptibilidad.
	Intolerancia.
	Suspicacia.
	Rigidez.

ACCIONES NO ADECUADAS A NIVEL INTELECTUAL	CONSECUENCIAS DESAGRADABLES A NIVEL INTELECTUAL
Bajo nivel de instrucción.	Aburrimiento.
	Inmadurez.
	Miedos.
	Culpa.
	Hipocondría.
	Tendencia obsesiva.
No buen aprendizaje de valores.	Desmotivación.
	Conducta en función de lo social.
	Decepción.
	Ideas de muerte.
	Preocupación.
	Pesimismo.
Sobrecarga laboral.	Tensión.
	Estrés.
	Sin tiempo propio.
Desestructura mental.	Falta de fuerza de voluntad.
	Ausencia de proyectos.
	Infantilismo.
	Apatía.

ACCIONES NO ADECUADAS A NIVEL AFECTIVO	CONSECUENCIAS DESAGRADABLES A NIVEL AFECTIVO
Carencia en cuanto a relaciones con figuras referenciales: expertos, asesores, guías, etc.	Confusión en el eje relacional.
	Labilidad emocional.
	Susceptibilidad.
	Desconexión afectiva.
	Carencia de sentimiento de pertenencia.
	Inmadurez.
	Infantilismo.
	Inhibición.
	Introversión.
	Inestabilidad emocional.
	Angustia.
	Aislamiento relacional.
	Irritabilidad.
	Bajo autocontrol.
	Sometimiento.
	Aislamiento.
	Impulsividad.
Carencia en cuanto a relaciones a la par: amigos, socios, compañeros, etc.	Enfado, enojo.
	Tristeza.
	Exigencia.
	Vivir en función de los demás.
	Frialdad.
	Alteración emocional.
	Desacuerdos.
	Terquedad.
Carencia en cuanto a relaciones de entrega: alumnos, hijos, menores en general, etc.	Desgaste emocional.
	Falta de tiempo personal.

Acogida y orientación: ingredientes básicos

En todo plan de vida hay que partir de comprender dos temas fundamentales: la acogida y la orientación.

Acogida

Entendemos por acogida la necesidad de cada ser humano de sentirse atendido, protegido, nutrido y un largo etcétera, en relación a lo que se ha venido entendiendo popularmente como atención materna o maternaje. Esta atención de tipo materno, o acogida, tiene a su vez dos características; por una parte, podríamos hablar de acogida nutricia y, por otra, de acogida afectiva.

- **Acogida nutricia**: Está en relación con tener un hogar, lo que implica un espacio físico donde vivir, una organización de actividades alimenticias y de orden en cuanto a limpieza, cuidado del hogar, horarios de encuentro entre las personas que viven juntas. Es lo que se ha entendido habitualmente como casa materna o casa parental; hay orden, estructura, horario, normas de convivencia, cuidado de la ropa y de la alimentación.

- **Acogida afectiva**: Este concepto se refiere a todo lo que entendemos por mundo afectivo. La acogida afectiva está, por tanto, en relación directa con lo que se entiende por calor de hogar, mimos, caricias, comodidad, confort, etc. Así pues, cuando hablamos de maternaje afectivo nos referimos a: acunamiento, cobijo y caricias correspondientes, así como al tratamiento y al contacto de la piel con el entorno (higiene, baños, aseo personal, cremas, masajes, etc.).

Actúan como agentes de maternaje socio-cultural todas aquellas acciones que tienen que ver con el contacto y la proximidad: encuentros con la naturaleza, asociaciones, relación con animales domésticos, familia extensa, amistades, así como acercarse a personas de cualquier ámbito, con capacidad de aportar gratuidad y generosidad afectivas.

Orientación

La orientación, entendida como paternaje, es una necesidad inherente al desarrollo humano en lo que se refiere a saber qué hacer en cada momento y a dónde dirigir la atención en relación a proyectos y objetivos a conseguir.

La orientación ha sido, culturalmente, una función asignada a las figuras paternas, quienes en épocas anteriores eran los que, fundamentalmente, se dedicaban a conectar a la familia con el entorno social. Asimismo, a esa figura paterna se le asignaba la responsabilidad de aportar la economía al contexto familiar. A la hora de plantearnos un plan de vida donde las necesidades de orientación estén incluidas en las actividades cotidianas, hemos de referirnos a aquellas acciones que tienen que ver con una adecuada organización horaria, así como con la organización en la actividad laboral, planificación en las actividades que faciliten el desarrollo intelectual: asistencia a actividades culturales (charlas, conferencias, cursos, jornadas, visitas a museos y asistencia a conciertos), ampliación de estudios, relación con figuras de autoridad en la docencia y con maestros o expertos en diferentes materias.

Hemos de tener en cuenta que cuando nos planteamos la inserción de todas estas actividades es que en su momento, como hemos dicho, se le asignaban a la figura paterno-masculina, en nuestra época actual consideramos que todo lo entendido como orientación o acogida no es cuestión de género. Se trata, por tanto, de acercarnos a las personas con capacidad de despertar en nosotros ese potencial acogedor y orientativo que llevamos dentro y, como es comprensible, puede proceder, como decimos, tanto de figuras masculinas como femeninas.

Observaciones

Teniendo en cuenta lo expuesto anteriormente en relación a la acogida y la orientación, hemos de considerar que todas las personas necesitamos cubrir las necesidades de tipo tradicionalmente entendidas como parentales, pues es nuestra condición de hijos lo que hace que necesitemos tales atenciones. Sin embargo, ser hijos de por vida no significa ser perpetuamente niños, así pues los niños necesitan de figuras parentales o tutores que les acerquen los ingredientes de acogida y orientación para su adecuada evolución y crecimiento, pero los adultos son los responsables de acercarse ellos mismos, de forma autónoma, a tales nutrientes.

Nutrientes fundamentales

Vamos a exponer a continuación cuáles son los ingredientes imprescindibles para el adecuado desarrollo de todo ser humano. Estos ingredientes pueden agruparse en siete bloques:

Bloque 1. Elementos materiales

Son todos aquellos elementos materiales necesarios para vivir. Incluyen todas las necesidades a nivel sensitivo. En la actualidad, este tipo de ingredientes suelen conseguirse a través de recursos económicos, y en otras épocas se utilizaron para su consecución los trueques o intercambios (vivienda, alimentación, vestidos, ocio y tiempo libre, actividades artísticas y culturales, etc.).

Bloque 2. El prestigio / Reconocimiento

Para un desarrollo humano adecuado es imprescindible sentirse reconocido por alguien que a su vez tiene resultados adecuados y evidentes. A través de este tipo de reconocimiento se despierta el prestigio, que como consecuencia da lugar a la autoestima, la cual emerge por la relación con esas personas que previamente fueron valoradas por otros y, por tanto, son capaces de captar nuestra valía aunque nuestros resultados no se vean. Solamente las personas de reconocida valía, al reconocerse en otros despiertan en estos su propio valor. La autoestima, por tanto, emerge como consecuencia de ser aceptados por ser quienes somos, no por méritos ejercidos.

Por ejemplo, solo un pintor experto es capaz de valorar la valía de un niño para la pintura, sin necesidad de que este pinte grandes cuadros, valora la capacidad, no el resultado que aún no está presente.

De igual manera, los que disfrutan de la vida son los que pueden reconocer nuestra capacidad para disfrutarla.

BLOQUE 3. Trabajo vocacional

Las personas, además de autónomas y válidas, necesitan sentirse útiles y rentables para sí mismos y para la sociedad. Ser útil y rentable tiene que ver con el resultado de ejercer nuestros conocimientos y poner nuestras capacidades al servicio de los demás. Correspondería al concepto de trabajo vocacional, desligado de la posible aportación económica.

BLOQUE 4. Tiempo propio. Dosificación

Es, asimismo, un ingrediente imprescindible, y marca el punto de inflexión o intervalo entre las distintas actividades. Correspondería a lo que entendemos por descanso y es necesario para evitar el desgaste. Es un tiempo dedicado a uno mismo; se trata, por tanto, de un tiempo propio, de un tiempo personal, que se utiliza en aquello que individualmente conviene y satisface.

BLOQUE 5. Instrucción

El aprendizaje es entendido en este contexto como el despertar de las capacidades de cada sujeto y procede como consecuencia de una determinada instrucción. Así pues, se trata de acercarse a actividades y acontecimientos que faciliten el emerger de esos conocimientos internos que han permanecido dormidos por situaciones de educación u otras causas.

Esta forma de entender el aprendizaje amplía el mundo intelectual y acerca al conocimiento de la visión del universo.

La instrucción, por tanto, está abierta a todo tipo de materias, pero fundamentalmente al desarrollo de la estructura de personalidad de cada individuo: aprender a ejercer como personas.

BLOQUE 6. Relaciones

Este grupo de ingredientes se basa en la consideración de que es imprescindible entrar en relación con los demás. Hay que tener en cuenta diferentes tipos de relación. Hay un grupo de personas de quienes recibimos una atención de tipo parental y con las cuales cubrimos nuestras necesidades como hijos de la vida. Con otro grupo de personas tenemos la oportunidad de intercambiar afectos y sentimientos, facilitando una relación de paridad (compañeros, socios, amigos, parejas afectivas, hermanos, etc.). Y un tercer grupo de personas facilita la necesidad de todo ser humano de entregarse de forma altruista, ejerciendo como padres, profesores, tutores, etc.

BLOQUE 7. Gratuidad e incondicionalidad

Es el grupo de ingredientes más importante de experimentar, pues se trata de sentirse querible sin necesidad de hacer méritos. Consiste en notar la aceptación de otros por lo que se es, sin tener en cuenta las acciones.

Por tanto, una vez que hemos visto la importancia que tiene el incorporar a nuestro día a día una serie de ingredientes que nos ayuden a saciar nuestras necesidades, vamos a reflexionar acerca de dónde y a quién acercarnos que nos den la garantía de que somos atendidos de manera incondicional sin tener que dar a cambio y sin que se nos pase factura.

Por una parte, nos vamos a fijar en cuáles serían las personas más adecuadas para dicha tarea; es decir, personas que aportan por su calidad humana, por su excedencia y abundancia. Son personas que, al entregarse a otros, encuentran la recompensa en su propia entrega, ponen su capacidad al servicio del entorno que les rodea.

Vamos a enumerar las características de tales personas:

- Se sienten satisfechas consigo mismas.
- Tienen resultados objetivos para aportar lo que otros necesitan.
- Se muestran agradables y atractivas.
- Son gratuitas (no esperan nada a cambio).
- No emiten juicios acerca del comportamiento de los demás.
- Disfrutan con lo que hacen.
- Están en buena disposición cuando alguien se les acerca y no reprochan que alguien se les distancie.
- Siguen su propio camino, su caminar es constante y, al igual que el sol y la sombra, no esperan.
- No tienen preferidos.
- Viven en función de sí mismos, pero actúan al servicio de quienes les rodean.
- No culpabilizan ni echan en cara.
- Aceptan en relación a su propia capacidad, sin tener en cuenta los méritos de quienes se les acercan.

Proceso de incorporación de nutrientes

La forma de incorporar los nutrientes para un crecimiento correcto difiere en relación a la edad, pues los niños no tienen el mismo proceso de incorporación que los adultos, ni en cuanto a familias de nutrientes ni en relación a su dosificación.

En lo que se refiere a los niños, se ha de tener en cuenta que el primer bloque de incorporación de nutrientes corresponde a su estructura física; el segundo bloque, a la estructura emocional, y el tercero, a la estructura mental.

De manera esquemática, podríamos decir que la secuencia de introducción de elementos nutrientes, al hablar de crecimiento en el niño, sería: Físico-Afectivo-Intelectual.

Las neuronas de orden sensitivo son las primeras que se desarrollan en todo ser humano, así pues, lo que tiene que ver con los nutrientes a nivel orgánico son los primeros a cubrir, pues es la primera demanda que realizan los bebés. Así por ejemplo, los bebés solicitan ser atendidos cuando sienten hambre, tienen sueño, están cansados, notan dolor, etc. Cubrir esa demanda les produce la sensación de satisfacción. Es, por tanto, responsabilidad de sus cuidadores atender tales necesidades.

La forma en que habitualmente se aportan los nutrientes de tipo sensitivo va unida a unas muestras de afecto que van a ir despertando en los bebés sus neuronas de índole emocional, pudiendo así notar la alegría, el sentirse contentos, irascibles, enojados, etc.; dando lugar, por tanto, al despertar de los sentimientos y a la manifestación de su mundo afectivo.

Más adelante, los niños comienzan a entender lo que les va sucediendo. Significa que las neuronas intelectuales van despertando, dando lugar a la comprensión del mundo que les rodea.

El crecimiento personal es un proceso que dura toda la vida. Permanentemente el ser humano necesita incorporar nutrientes para crecer; en este aspecto, el adulto no se diferencia del niño; sin embargo, la secuencia de introducción de los elementos nutricionales en los adultos es distinta.

Todas las personas adultas, cuando recibimos un estímulo del exterior, el primer nivel que se siente afectado es el físico. La sensación percibida a través del cuerpo lleva a asociar esa experiencia actual con otras vivencias experimentadas anteriormente, con lo que se activa el recuerdo de sensaciones parecidas a las vividas en ese momento, así como al recuerdo de las circunstancias en que se dieron. Esto da lugar a que nuestra estructura mental decodifique y organice el recuerdo de tales vivencias. La instrucción recibida hasta el momento y la evolución personal van a posicionar la vivencia actual de una determinada manera, pues lo vivido en ese instante va a estar condicionado por el aprendizaje teórico y vivencial de lo experimentado en otras ocasiones.

Una vez reconocido y organizado mentalmente el estímulo recibido, aparece la emoción que tal circunstancia ha provocado. Así pues, el mundo afectivo se activa en relación no solo al estímulo recibido, sino también al conocimiento o aprendizaje que ese estímulo despierta en nosotros. Los sentimientos, por tanto, pueden ser gratos o no, en relación a la asociación y al recuerdo de lo anteriormente vivido y que tiene que ver con el estímulo percibido en ese momento puntual. Y como consecuencia de ese proceso se llega a una determinada acción.

Un ser humano adulto en su comportamiento utiliza la secuencia: Estímulo – Pensamiento – Emoción – Acción.

Las personas necesitan en primer lugar, al recibir un estímulo, entenderlo. Es el pensamiento el que moviliza la emoción y esta, la que lleva a la acción.

Según lo expuesto, en toda conducta infantil, los niños reaccionan emocionalmente de forma inmediata al estímulo percibido. Sin embargo, los adultos cuando perciben un estímulo han de estructurarlo y organizarlo a nivel mental y, como consecuencia, se produce la reacción emocional. Si un adulto reacciona emocionalmente ante un estímulo sin haberlo pasado por ese filtro mental, consideraremos que es una conducta no adecuada y que su comportamiento, por tanto, es infantil, no corresponde a la madurez que se presupone ha de tener un adulto.

Un ejemplo sencillo: Si hay un estímulo externo —una llamada a la puerta—, la persona que lo recibe tiene un pensamiento, puede pensar que es alguien que desea ver.

Este pensamiento despierta una emoción positiva que a su vez conduce a una acción aproximativa, va rápidamente a abrir. Si ante el mismo estímulo la persona piensa que hay un peligro en la llamada, ese pensamiento moviliza una emoción negativa (temor) que a su vez desarrolla una conducta evitativa (huir).

**Proceso de aprendizaje y
desarrollo en los niños:**
Sensitivo - afectivo - intelectual

Proceso de actuación en los adultos:
Sensitivo - intelectual - afectivo - acción
Percepción - pensamiento - emoción - acción

Estructura de un plan de vida

Desafortunadamente, no todos los seres humanos encuentran en el medio los ingredientes adecuados, ya que en ocasiones sus educadores no pudieron o no supieron proporcionárselos, lo que da lugar a un desarrollo incompleto.

Vamos, por tanto, a sugerir una forma más correcta de incorporar los nutrientes necesarios que den lugar a una satisfacción de las necesidades y, en los casos en que hubo un desajuste por cuestiones educacionales, poder corregirlos y conseguir el bienestar al que todos aspiramos.

Al tener que cubrir las necesidades de nutrición, nos encontramos con la obligación de acercar esos nutrientes imprescindibles y dosificados a la manera peculiar de cada sujeto. El tipo de nutrientes para cada individuo, así como la cantidad de los mismos y el tiempo de aplicación o ingesta, ha de ordenarse irremediablemente a través de un plan de acción y de aplicación diaria. A este tipo de planteamiento es a lo que vamos a denominar plan de vida. Por tanto, dicho plan consiste en decidir, a través de un asesoramiento pertinente, qué tipo de ingredientes o nutrientes necesita cada persona para incorporarlos correctamente a su día a día.

Listados de intereses

Se trata de confeccionar un listado de todas aquellas acciones o acontecimientos que cada persona desearía que formasen parte de su vida. Estas actividades deben ser concretas y puntuales, tanto de orden sensitivo, como afectivo, intelectual y espiritual.

Actividades necesarias

Vamos a enumerar en primer lugar un listado de actuaciones concretas, medibles y cuantificables, tanto en cantidad como en tiempo, para poder posteriormente incorporarlas a nuestro día a día.

Asimismo hay una serie de actividades que están en función de nuestras actitudes y buenos deseos, que no requieren tiempo y no son cuantificables, pero que se consideran también necesarias.

A la hora de plantearnos un plan de acción cotidiana se ha de tener en cuenta que la elección de tales actuaciones consideradas imprescindibles y necesarias, como son la higiene o la alimentación, puedan coincidir, asimismo, con gustos y apetencias personales.

De tipo cuantificable y medible:

Tiempos concretos de encuentros con la naturaleza.

Ejercicios respiratorios.

Dormir las horas convenientes.

Tiempo de descanso no incluido en el sueño.

Menús de alimentación personalizados.

Caminar rápido diariamente durante 30 minutos u otro tipo de actividad física.

Concertación de citas de atención sanitaria: curativa y preventiva.

Tiempo dedicado al cuidado del entorno, higiene y orden en el hogar...

Tiempo para mantener una higiene corporal diaria: ducha, hidratación en la piel, cremas, aceites, vitaminas, etc.

Momentos para la estimulación de los sentidos: tiempo para la contemplación visual, como exposiciones, asistencia a conciertos, escuchar música, degustaciones varias, etc.

No cuantificables ni medibles:

Hidratación, beber agua diariamente en la cuantía que cada cual requiera.

No incluir tóxicos.

Retirada de lo sensitivamente desagradable: evitar ruidos y olores pestilentes.

Respiración consciente.

Tomar conciencia de la postura corporal.

Llevar ropa y calzado cómodo.

Tener ambientes libres de polución.

Recibir y dar caricias sensitivas.

Mostrarse de forma atractiva en el encuentro con otros.

De tipo cuantificable y medible:

Horario para la actividad laboral.

Tiempo dedicado a la instrucción: estudio reglado (instrucción académica, básica o universitaria) o no reglado (como asistencia a conferencias, jornadas y diferentes cursos, etc.)

Momentos de parada (a intervalos fijos o al cambiar de actividad)

Planificar el tiempo y las actividades, priorizar en razón de lo necesario o de lo emergente, nunca de lo urgente. Entendiendo por emergente lo que surge como imprescindible y necesario de realizar, pero que no estaba previsto. Como urgente se entiende aquello que, igualmente, no estaba previsto, pero no tiene carácter de necesario.

Un tiempo diario para revisión y planificación.

Asistencia a actividades culturales (museos, conciertos, teatro, cine, etc.).

No cuantificables ni medibles:

Establecer y cumplir proyectos.

Tener referentes externos: referenciales, orientador, asesor, indicador, guía.

Tener motivaciones claras, propósitos, objetivos y metas.

Momentos de parada (a intervalos fijos o al cambiar de actividad).

Moverse por conceptos de evidencia, evitar prejuicios, comunicación correcta.

Actuar coherentemente (concordancia entre pensamiento y acción).

Actuar asertivamente; tener concordancia entre sentimiento, pensamiento y resultado correcto.

Mantener una actitud positiva frente a los acontecimientos cotidianos.

Hacer el duelo al pasado (no pensar en lo que no fue o no pudo ser, si no es para sacar enseñanza).

Desarrollar las propias capacidades como fin o propósito.

No dejar temas pendientes.

Vivir el presente.

Actuar acorde con las propias creencias.

Actuar con consciencia y atención.

No dar paso a pensamientos negativos.

Expresarse con claridad y solo en positivo.

Actuar de forma autónoma.

Relacionarse mediante proyectos.

Pedir lo que se necesite.

Mantener una relación positiva con uno mismo.

De tipo cuantificable y medible:

Mantener encuentros planificados con personas excelentes.

Previsión de tiempos para mantener contactos con familiares, amigos, conocidos…

Dedicar un tiempo personal de reencuentro con uno mismo.

Asistencia a entrevistas previstas en agenda con figuras referenciales, tales como orientadores, guías, asesores, consultores, etc.

Dedicar un tiempo de atención y cuidado a quienes a su vez cuidan y atienden.

Planificar momentos de relaciones de entrega (prestar ayuda), de aportación gratuita, sin esperar a cambio.

Asistencia a reuniones establecidas en diferentes grupos o asociaciones de diferente índole: culturales, deportivas, sociales, etc.

No cuantificables ni medibles:

Aproximación a personas incondicionales.

Manifestar sentimientos, pedir y dar afecto.

No someterse.

No quejarse.

Estar en compañía de quienes nos agradan.

No agredir ni permitir la agresión.

Relacionarse desde el momento presente.

No hablar mal de terceras personas.

Mantener una relación positiva con uno mismo.

Evitar las relaciones no gratas.

Respetar, no herir.

Relacionarse mediante proyectos.

Acercarse a las personas de forma atractiva.

Pedir lo que se necesite.

Querer incondicionalmente a otras personas.

Manejar estrategias y habilidades de relación.

Cultivar relaciones individuales (persona a persona) y mantener relaciones en grupo.

Ordenamiento. Horario

En este apartado vamos a tratar de organizar las actividades necesarias a lo largo de cada día incorporándolas en un horario completo, desde el momento de levantarse hasta la hora de ir a dormir. Se trata, por tanto, de dar un espacio y un tiempo a cada una de ellas que nutran o alimenten cada uno de los niveles que configuran nuestras necesidades físicas, intelectuales, afectivas y espirituales.

Estas actividades son realmente los nutrientes que cada persona necesita y, por tanto, han de dosificarse en relación a las capacidades y necesidades de cada persona

De todas formas, cuando se inicia un plan de vida, el horario de incorporación de actividades ha de estar sujeto a posibles modificaciones, pues se trata de comprobar durante un tiempo si el horario que se ha previsto es realmente el más conveniente. De no ser así, se sugieren cambios hasta llegar a ese orden que realmente satisfaga y cubra las necesidades del sujeto, pues el bienestar personal es siempre subjetivo.

Puedes ver un ejemplo de ordenamiento horario en las páginas 105 y 108.

Guía de expertos

Se trata de elaborar una planilla en la que aparezca la relación de aquellos profesionales que consideramos necesarios a la hora de recurrir ante cualquier necesidad en nuestro quehacer cotidiano, señalando, por tanto, su nombre, su dirección y su teléfono. Es una forma de sentirnos atendidos en cualquier momento por alguien experto en el tema que corresponda.

EJEMPLO DE GUÍA DE EXPERTOS

NOMBRE	DIRECCIÓN	TELÉFONO
Asesor jurídico:		
Asesor laboral:		
Asesor de vida / Psicólogo / Terapeuta:		
Médicos		
Medicina general:		
Especialistas:		
Dentista:		
Aparato digestivo:		
Ginecólogo:		
Fontanero:		
Electricista:		
Carpintero:		
Mecánico de coches:		
Albañil:		
Agente de seguros:		

EJEMPLO DE ORDENAMIENTO HORARIO

HORA	LUNES	MARTES	MIÉRCOLES	JUEVES	VIERNES	SÁBADO	DOMINGO
7:30	Hora de despertar. Higiene corporal.	Hora de despertar. Higiene corporal.	Hora de despertar. Higiene corporal.	Hora de despertar. Higiene corporal.	Hora de despertar. Higiene corporal.		
8:00	Desayuno.	Desayuno.	Desayuno.	Desayuno.	Desayuno.	Hora de despertar. Higiene corporal. Desayuno.	Hora de despertar. Higiene corporal. Desayuno.
8:30-13:30	Actividad laboral.	Actividad laboral.	Actividad laboral.	Actividad laboral.	Actividad laboral.	9:30-13:00 Limpieza del hogar: lavar, planchar y ordenar ropa, comprar comida semanal.	Horario comida y cena (en función de actividades elegidas). Actividades posibles:
14:00-15:30	Llegada a casa. Preparar comida. Comer. Limpieza del hogar.	Llegada a casa. Preparar comida. Comer. Limpieza del hogar.	Llegada a casa. Preparar comida. Comer. Limpieza del hogar.	Llegada a casa. Preparar comida. Comer. Limpieza del hogar.	Llegada a casa. Preparar comida. Comer. Limpieza del hogar.		Ir de senderismo. Pasar día en la playa. Hacer 2 horas de ejercicio físico. Excursiones con los amigos/as.
15:30-16:30	Descanso; dormir 20 min. Ver TV 20 min.	Descanso; dormir 20 min. Ver TV 20 min.	Descanso; dormir 20 mins. Caminar 30 min.	Descanso; dormir 20 min. Ver TV 20 min.	Descanso; dormir 20 min. Caminar 30 min.	Opciones para distintos sábados: - Quedar a comer con padres/amigos. - Tarde: Salir a pasear/ quedar en casa escuchando música.	
17:00-20:00	Actividad laboral.	Actividad laboral.	Actividad laboral.	Actividad laboral.	Actividad laboral.		
20:30-22:00	Estudio.	Gimnasio.	Asistencia a curso sobre desarrollo personal.	Gimnasio.	Estudio.		Salir a pasear por la ciudad.

Hora							
22:00-22:30	Caminar, pasear.	Cenar. Limpieza del hogar.	Cenar. Limpieza del hogar. Llamar amigos para concertar cita. Leer. Relax, Revisión de anexos y planificación. Higiene corporal. DORMIR.	Meditación.	Cenar; Quedar con amigos/as. Ir al cine, teatro. Revisión de anexos y planificación. Higiene corporal.DORMIR.	Ir de compras: ropa, accesorios etc. Asistir a conferencias. Estudiar 3 horas. Ir a teatro /cine / tertulias / conciertos… Salir a bailar. Revisión de anexos y planificación. Higiene corporal. 24:00-1:00 DORMIR.	Estar en casa: Lecturas amenas. Escuchar música. Reunión amigos/as en casa. Revisar correo/escribir. Preparar comida para la semana.
22:30-23:00	Cenar.	Higiene personal; baño relax. Revisión de anexos y planificación.DORMIR.		Cenar.			Revisar documentos. Ver TV. Visitar familia. Meditación.
23:00-24:00	Leer, relax, revisión de anexos y planificación. Higiene corporal. DORMIR.			Relax, revisión de anexos y planificación. Higiene corporal. DORMIR.			Revisión de anexos y planificación. Higiene corporal. 24:00 DORMIR.

* Una vez al mes: Recibir un masaje, mantener entrevistas con expertos y/o asesores de vida, asistir a algún taller de baile, pintura,crecimiento personal (diversos talleres que puedan surgir), puede ser en fin de semana.

Planificación de trabajo/estudios

En este apartado sugerimos una planilla que nos indique cómo ordenar las materias que conllevan los temas de trabajo o de estudio y ajustarlas en los tiempos que se consideren más rentables.

HORARIO DE REALIZAR LA ACTIVIDAD	MATERIA A ESTUDIAR/TRABAJAR	TIEMPO DEDICADO

Plan de alimentación (relación de menús, etc.)

De todos es sabido que la salud tiene que ver con una buena alimentación, o al menos eso es lo que se nos han venido diciendo desde pequeños. Sin embargo, nos encontramos que los alimentos que ingerimos no siempre llevan los nutrientes más adecuados, por lo cual hemos de prestar atención a qué, cómo y cuándo comemos.

De ahí que se haga imprescindible un plan de alimentación donde se tenga en cuenta el número de ingestas al día (la mayoría de los expertos sugieren cinco tomas), así como la calidad de los productos, intentando que sean lo más naturales posibles, sin contaminantes ni conservantes.

Sugerimos, por tanto, la elaboración de un plan alimenticio donde aparezca una forma de alimentarse elaborando una serie de menús que contengan los nutrientes más adecuados: proteínas, vitaminas, oligoelementos, hidratos, etc.

Ante la duda de saber elaborar la planificación correcta, sugerimos asesorarse por expertos en el tema.

Planilla de gastos económicos

Esta planilla tiene que ver con la organización de la economía personal o familiar, donde se indican todos los gastos previstos a lo largo de un mes y posiblemente de un año.

	Mensual	Anual
Luz		
Agua		
Gas		
Teléfono		
Ropa		
Alimentación		
Gimnasia/Deporte		
Hipoteca		
Seguros (casa, coche…)		
Limpieza		
Ocio (cine, salidas a comer…)		
Comunidad		
Educación		
Viajes		
Farmacia		
Actividades formativas		
Cultura (libros, música…)		
Vacaciones		
Asociaciones (club de tenis…)		
Salud integral		
TOTAL		

Parte III

Intervención en el medio

Este tercer capítulo trata de cómo debería ser una adecuada y oportuna intervención en el contexto en el que vivimos día a día.

En primer lugar, hemos de conocer nuestras fortalezas y puntos débiles y, a través de un plan de vida personalizado, como hemos indicado en el capítulo segundo, incorporar los nutrientes adecuados. De esta forma, estaremos en disposición de intervenir constructivamente en el contexto en el que vivimos y ejercer nuestras capacidades a través de una serie de acciones que nos permitan rentabilizar y mejorar el entorno en que vivimos.

Debemos canalizar nuestras fuerzas, orientarlas a través de unos objetivos determinados y alcanzar los deseos que nos impulsen y nos faciliten hacer realidad nuestros sueños.

La dificultad que estriba a la hora de plantear estos temas, consiste en que no sabemos realmente si tenemos ese deseo ardiente o esos sueños que nos inviten al esfuerzo de hacer en cada momento lo que sea necesario para conseguirlos.

La experiencia nos indica que hay muy pocas personas que sepan lo que quieren y, por tanto, el que no sabe lo que quiere no puede poner ningún tipo de medios para conseguir esa nada a la que se dirige.

Vamos a exponer unas indicaciones para despertar los
sueños dormidos o los deseos ardientes no expresados;
aspectos ambos imprescindiblemente necesarios para
darle sentido a nuestra vida.

Fórmula del éxito

Siempre hemos oído que el éxito tiene que ver con la consecución de algún objetivo o la finalización de algún proyecto. Sin embargo, cuando hablamos de desarrollo humano el éxito debe entenderse como una forma de vivir.

El éxito no es un punto de llegada, sino la manera de vivir el camino. Cuando hablamos de éxito nos estamos refiriendo a las consecuencias irremediables de toda acción; así, por ejemplo, si se nos cae un vaso de cristal al suelo y se rompe, el hecho de que se parta en pedazos denota que las leyes de la naturaleza se han cumplido; es decir, la consecuencia de esa acción es considerada como algo irremediable y adecuado. Visto así puede ser considerado un éxito, aunque tal consecuencia no agrade y dé lugar a reacciones molestas y que malogren los planteamientos previstos. Entendido de esta forma, el éxito convive con nosotros y vivimos, por tanto, en un éxito continuo, por ser nuestra vida la consecuencia irremediable de toda acción.

Vamos a exponer lo que puede considerarse una fórmula de éxito:

PORQUÉ + CÓMO + ACCIÓN = ÉXITO

Cuando nos encontramos con personas que han triunfado en cualquier parcela de la vida, que han conseguido sus propósitos, son habituales dos tipos de juicios: o bien se piensa que son personas favorecidas por la suerte, o que son extraordinariamente capaces. En general la mayoría de las personas piensan que nunca tendrán acceso a determinados logros, bien por falta de capacidad, bien por falta de suerte.

En primer lugar, como hemos comentado anteriormente, el éxito no es un fin, es un camino, un proceso dinámico basado en la consecución progresiva de objetivos y, por tanto, persona de éxito es aquella que ejecuta la fórmula del éxito.

Mapa conceptual

Porqué

Acerca de la misión, propósito y razón última

Cualquier acción que se emprenda en la vida necesita, para llevarla a cabo, un porqué, un propósito. Cuanto más fuerte sea este propósito y más importante para el sujeto, mayor será la motivación para realizarlo, y las circunstancias negativas no se verán como impedimentos insalvables, sino como dificultades a superar. Es de todos conocido, por ejemplo, que una madre hace por sus hijos cosas que no sería capaz de hacer por ningún otro motivo. Por eso, para obtener éxito, no importa en qué parcela de la vida, es fundamental tener un objetivo claro.

Como estamos hablando de desarrollo personal, tenemos que distinguir dos apartados dentro del porqué: la misión o propósito de todo ser humano y los objetivos particulares.

El propósito de todo ser humano es desarrollar al máximo sus capacidades y ejercer libertad, integridad, solidaridad y amor, pues son sus características de esencia y le son innatas. Podemos decir, por tanto, que este sería el programa general de una vida.

Pero todo programa incluye una serie de departamentos o funciones u objetivos particulares que unidos darán sentido a esa planificación global.

Así pues, todos los seres humanos, aun teniendo la misión unánime de conseguir el máximo bienestar personal, ienen a su vez una función específica o razón última: construir de forma singular cada día de su existencia, pues cada ser humano, al ser único, desea desarrollar sus capacidades de una manera particular.

Acerca de la función

Todo cuanto existe en la naturaleza tiene una función. Según las modernas teorías de sistemas, los seres vivos actúan como sistemas autónomos que interrelacionan con el medio. El desequilibrio de uno de los sistemas influye invariablemente en los de rango superior o inferior.

La característica del ser humano como individuo único e irrepetible hace que la función asignada a cada uno sea insustituible, ningún otro ser humano la puede cubrir. No hay seres humanos mejores o peores, pero hay peculiaridades, por ejemplo a nivel creativo, que son estrictamente personales.

Para cumplir su función, el ser humano viene dotado de una serie de capacidades, a nivel físico, afectivo e intelectual que a lo largo de la vida deben desarrollarse. El mayor o menor desarrollo de estas capacidades va a influir no solo en su grado de satisfacción y bienestar, y en su sensación de autorrealización, sino también en su entorno inmediato, en el sistema global, en el cosmos.

Para comprender mejor cuál sería la función del ser humano, podemos poner un ejemplo: digamos que cada persona cubre una parcela de terreno que solo él puede cultivar. Esa parcela contiene sus capacidades. De la mayor o menor utilización de estas, de la asesoría que reciba y de los ingredientes que utilice para cultivar su parcela, va a depender el resultado. Si las capacidades se utilizan en condiciones óptimas, en la parcela crecerán hermosas flores, frutos apetecibles.

El placer que produce al jardinero ver su parcela bien cuidada sería comparable al placer personal de sentirse cubierto, con las capacidades desarrolladas al máximo.

Ahora bien, el ser humano no vive solo. Es solidario por naturaleza. Si continuamos con el ejemplo, es natural que los vecinos pidan consejo a aquellos que tienen su parcela bien cuidada y también es natural que se intente transmitir a otros lo que para nosotros fue fructífero. En nuestro ejemplo del jardinero, el hecho de orientar a los vecinos acerca de cómo cuidar su jardín redunda también en el propio beneficio: es más agradable tener un entorno hermoso que un erial.

Cualquier ser humano debe, en primer lugar, desarrollar sus capacidades al máximo, buscando el conocimiento, la orientación y los ingredientes necesarios para ello.

Cuando está suficientemente crecido, forzosamente se hace notar en el medio, se convierte en referencial para aquellos que quisieran conseguir lo que él consiguió. Entonces su función será remitir a otros a las fuentes de donde tomó lo necesario.

Cuando se está nutrido, sin carencias, en pleno desarrollo de capacidades, el hecho de ayudar a otros es natural y satisfactorio. Es, además, gratuito; no se espera nada a cambio. La recompensa va implícita en la satisfacción que produce levantar la vista y ver seres satisfechos y libres alrededor.

Porque somos únicos debemos disfrutar siendo «el mejor yo posible».

Porque somos solidarios facilitaremos el camino a otros.

El primer paso en el tema de crecimiento personal será recibir, nutrirse adecuadamente; el siguiente paso, dar, intervenir en el medio.

Acerca de los sueños

Con frecuencia las personas no tienen sueños definidos. Esto se debe, habitualmente, a que en su vida no estuvieron cerca de personas emprendedoras y entusiastas que les sirvieran como referenciales de vida. Es, por tanto, necesario estar en contacto con personas que disfrutan y que se emocionan con lo que hacen.

Otro motivo por el que las personas tienen dificultad para despertar los sueños es porque no se creen capaces de conseguirlos. Será importante tener en cuenta que, si se hace una valoración de las capacidades reales, con una asesoría adecuada y una planificación correcta, cualquier sueño que emocione, puede conseguirse.

Acerca de los objetivos

Pero todos los programas engloban a su vez proyectos menores que sirven en último término al propósito general.

Los *objetivos* a largo o medio plazo van a ser el motor que impulse la acción. No es posible conseguir un proyecto si los objetivos no son adecuados.

Para que un objetivo sea adecuado debe cumplir una serie de condiciones:

- Ser personal —elegido personalmente—, no impuesto por otros.
- Ser tan gratificante que por él la persona sería capaz de hacer ese esfuerzo extra y cualquier cosa que fuera necesaria. Es decir, deben movilizar la emoción.
- No puede atentar contra la libertad, la integridad, la solidaridad y el amor propio o de otros, sino que debe contener los ingredientes necesarios que lo favorezcan.
- Debe ser claro y definido.

Los objetivos de cada persona son prácticamente infinitos. Cuando unos objetivos se cumplen, aparecen otros nuevos; por eso han de realizarse lo antes posible, para facilitar el cumplimiento de los siguientes.

Los objetivos y proyectos nunca han de considerarse como un fin, sino como los medios para conseguir tales fines.

Acerca de las metas

Metas son los pasos intermedios y necesarios para cumplir un objetivo. Las metas son a corto plazo. Si un objetivo es ganar una competición deportiva, la meta sería determinadas horas de entrenamiento diario.

Al igual que los objetivos, las metas, para ser adecuadas, han de tener una serie de características:

- **Personal**: Una meta tiene que ser personal para sentirse ligado a ella. No tiene sentido proponerse metas que no importan. Una meta tiene que afectar personalmente. Una meta no es válida si depende de otro el conseguirla. Una meta no es «que nos quiera alguien», sería en todo caso «ponernos atractivos».

- **Alcanzable**: Una meta tiene que ser alcanzable; es decir, que pueda conseguirse a través de esfuerzos propios. No sería realista si se propusieran metas dependientes de circunstancias externas sobre las que no se tiene poder, por ejemplo, la lotería. No deben plantearse demasiado bajas porque no motivan, ni demasiado altas porque, si no se cumplen, generan frustración.

- **Inconfundible**: Una meta inconfundible está formulada tan nítidamente que se sabe exactamente hacia dónde dirigir los esfuerzos; por ejemplo, en relación a un viaje se trataría de conocer exactamente el punto de destino, el tiempo de permanencia, el medio de transporte, etc.

- **Concisa**: Una meta concisa, delimitada, ayuda, además, a saber exactamente lo que se pretende alcanzar. Por ejemplo, una meta correcta en cuanto a realizar ejercicio físico sería «correr veinte minutos diarios».

- **Mensurable**: Una meta tiene que ser mensurable para que se pueda observar el progreso obtenido.

- **Comprobable**: De las metas comprobables puede decirse que se han alcanzado y que otros las pueden conseguir. Por tanto, se han de fijar etapas periódicas de revisión de las metas propuestas.

A modo de conclusión podemos considerar que: *misión, sueños, objetivos* y metas marcan la dirección del ser humano. Tener claros estos cuatro conceptos significa saber hacia dónde vamos. Si objetivos y metas son adecuados, se cumplirán los sueños y se llevará a cabo la misión.

Cómo

Una vez que está claro lo que se pretende conseguir, el siguiente paso es cómo se hace; saber planificar de tal manera que todos los ingredientes necesarios para la consecución de los fines planteados estén presentes en nuestros proyectos, tanto a corto, como a medio y largo plazo, y en relación a nuestras características físicas y psíquicas; en definitiva, diseñar un programa de intervención.

Cuando nos planteamos llevar a cabo la realización de los sueños, no tenemos más remedio que recurrir a profesionales y expertos que nos faciliten la planificación más adecuada para el desarrollo de nuestras capacidades y la consecución de tales intereses.

Es en este apartado, donde hemos de ir al encuentro de expertos, guías y asesores en desarrollo personal, asignatura que en la mayoría de los casos queda pendiente, pues no hemos tenido la oportunidad de encontrar personas que sepan disfrutar de la vida y sepan transmitirlo.

Como se puede observar, el planteamiento autodidacta no tiene cabida en esta **Fórmula del éxito**. Uno, por sí mismo solo, llega a ratificar lo ya conocido y a adentrarse muy moderadamente en temas por descubrir y, por tanto, el riesgo que supone vivir intensamente no se puede practicar por el temor a no conseguir lo deseado por desconocimiento.

Necesitamos, por tanto, personas que vayan por delante, con camino ya realizado y resultados adecuados en relación a los temas que nosotros queremos conseguir.

El **cómo** se lleva a cabo respetando la individualidad de cada sujeto, al tiempo que se sigue conviviendo en colectividad, en grupo, de forma solidaria.

Acción

La ejecución del plan de acción planteado en el cómo de nuestra Fórmula del éxito, exige el cumplimiento exhaustivo del mismo; es decir, realizar el 100% de todas las actividades previstas en ese plan de acción.

Al igual que una caja de caudales no puede abrirse hasta que no se conocen todos los números de la combinación, un proyecto no tiene garantía de éxito hasta que todos los pasos del plan de acción no se ejecutan.

Conviene aquí recordar que desarrollar al máximo las capacidades de la persona no es un concepto comparativo. Cada ser humano es único, su propósito es ser el mejor «yo» posible y sus objetivos deben estar marcados en función de sus capacidades reales; por tanto, el ejecutar al 100% es perfectamente posible, porque el 100% de cada uno es diferente.

Una vez llevado a cabo el cumplimiento de tales actividades durante un tiempo acordado, y a tenor de los resultados obtenidos, nos podremos plantear de nuevo si el cómo que habíamos planificado ha de modificarse en cuanto a tiempos y actividades, por no haber obtenido el resultado previsible, y este cambio se ha de realizar siempre bajo la supervisión de un asesor experto en el tema.

No obstante, el ejecutar al 100% el plan diseñado tiene como posible dificultad el no tener hábito en el cumplimiento de tales tareas. Así pues, cuando nos planteamos el llevar a cabo la fórmula que proponemos hemos de considerar que la afrontamos desde nuestra mejor disponibilidad, pero sin la absoluta certeza de llevarla a término exhaustivamente, de ahí que nos planteemos que llevar a cabo dicha fórmula es más un fuerte deseo que la seguridad de un compromiso.

Por compromiso entendemos la certeza de que se puede ejecutar lo previsto. El compromiso denota que, teniendo la seguridad del resultado adecuado obtenido anteriormente, no hay miedo a no poder realizarlo, a pesar de las dificultades que se puedan encontrar en el camino.

El compromiso nunca ha de vivirse como una imposición, si no como la garantía de que algo conocido de forma adecuada se vuelve a repetir. Es una nueva opción.

Aquí entra en juego un factor muy importante: la persistencia. Persistir supone no interrumpir la ejecución, aunque los resultados apetecidos no aparezcan en el tiempo previsto. La persistencia va directamente unida a la importancia del propósito. Fácilmente nos cansamos de esperar para obtener mesa en un restaurante, o para ver una película, pero, volviendo al ejemplo de las madres, difícilmente una madre se cansa de pedir alimento para sus hijos; el motivo es tan importante que insistirá una y otra vez hasta conseguirlo.

Como conclusión, podemos afirmar que cuando un ser humano decide que desarrollarse al límite de su capacidad es la tarea más importante en su vida, no tiene más remedio que plantearse elaborar un programa de intervención adecuado y ejecutarlo.

Una vez iniciado el programa de intervención, hay que desprenderse de los resultados, pues la persistencia garantiza el logro de lo proyectado.

La ejecución de lo planteado garantiza el éxito.

Los miedos

Los miedos son la causa principal que impide a los humanos alcanzar sus objetivos. Por miedo las personas se paralizan o actúan de manera no acorde a sus deseos y necesidades. Por miedo se niegan, a veces, a la relación, al progreso y al cambio.

Sin embargo, el miedo no es una entidad real, es un concepto mental que se «hereda» de padres a hijos y que se transmite con la educación y el contacto con la sociedad. La gran variedad de miedos puede resumirse en siete grupos:

Miedo al fracaso

Se plantea cuando alguien desea que los demás le valoren por encima de lo que él mismo se considera, cuando pretende «dar la talla» con arreglo a las expectativas de otros.

Es una no aceptación de la realidad. El gran problema del miedo al fracaso es el orgullo y está en relación con un planteamiento de metas no adecuadas.

La persona que es consciente de sus capacidades reales y actúa de acuerdo con ellas no puede fracasar nunca. A lo sumo, puede comprobar que, en determinado campo, sus resultados han sido más bajos de lo que cabría esperar y sabrá que esto es debido a circunstancias externas o a no haber aprovechado sus capacidades al máximo. Esto no se ha de vivir como fracaso.

Por tanto, el miedo al fracaso desaparece al ser consciente de las propias capacidades reales, fijando metas acordes a las mismas y utilizando, al máximo, el propio potencial.

Miedo al éxito

Está muy relacionado con el miedo al fracaso. Si alguien se paraliza por miedo al éxito es porque su autoestima está por debajo de lo que considera que necesita para situarse en la circunstancia de éxito; hay un proceso mental que dice: «Como no soy capaz de desenvolverme en esto, no me interesa». En el fondo del temor al éxito, está el temor a fracasar.

El éxito es el desarrollo progresivo y adecuado de las capacidades. Así pues, cuando las capacidades se desarrollan al máximo, el éxito es una consecuencia natural e irremediable, no tiene sentido, por tanto, albergar el miedo.

Miedo al rechazo

Es un proceso mental erróneo que se deriva del empeño que a veces ponemos los humanos en ser aceptados o queridos por alguien determinado, que en ese momento no nos acepta o no nos quiere.

Es razonable entender que si pedimos aceptación a determinadas personas no seremos rechazados, debido a la propia capacidad del que acepta.

Si existe miedo al rechazo, es debido a la creencia errónea de que nos rechazan, no por la incapacidad del que lo hace, sino por nuestra escasa valía. Es un problema de autoestima o de no acercarse a la persona adecuada.

El miedo al rechazo desaparece al situarse en un medio de personas que aceptan a los demás y que tienen el suficiente desarrollo que hará posible que quienes conviven en su entorno aumenten la autoestima.

Miedo a la pérdida

Se basa en el apego a las cosas y a las personas en base a las necesidades no cubiertas.

El individuo con nutrición adecuada disfruta de las cosas y de las personas, sin temor a perderlas. Las goza mientras están y, si desaparecen, está abierto a nuevas experiencias.

El temor a la pérdida ata al objeto de deseo e impide disfrutarlo en paz.

Enfocarse en el encuentro con esas personas o cosas, y vivirlo con intensidad, evitará no solo el miedo a la pérdida, sino la pérdida en sí misma.

Miedo al abandono

Está muy relacionado con el miedo al rechazo y a la pérdida.

El temor al abandono supone que no nos sentimos lo suficientemente válidos como para retener a los que queremos. Como en el miedo al rechazo, hay que ser conscientes de que si nos acercamos a personas válidas nunca vamos a ser abandonados, porque las personas bien desarrolladas no abandonan. Si alguien abandona, quiere decir que no es tan válido como imaginábamos; en definitiva, no nos merecía.

Insistimos una vez más en que hay que huir del empeño de que nos quiera alguien determinado. Si solo nos entregamos a personas capaces, habrá garantía de que no nos abandonen.

Miedo a lo desconocido

Es el más absurdo de todos los miedos. ¿Qué nos hace suponer que lo que no conocemos debe ser necesariamente malo?

El ser humano está dotado de creatividad para reaccionar de forma no estereotipada ante situaciones nuevas. Si somos conscientes de esta capacidad y sabemos que ninguna situación es exactamente igual a otra, veremos que la vida es una sucesión de situaciones desconocidas que pasan a ser presentes, que resolveremos con éxito, porque estamos dotados para ello.

La aceptación de las capacidades, la desinhibición y la vivencia del presente evitarán el miedo a lo desconocido.

Miedo a la muerte

Es un miedo muy común; sin embargo, la muerte es una consecuencia natural de la vida; son dos polos de un mismo continuo. Si se vive la vida intensamente, no hay razón para temer la muerte, esta sería simplemente un paso más.

El miedo a la muerte supone que no se está viviendo la vida con plenitud. Quien tiene miedo a vivir será el que tenga miedo a la muerte.

La solución para evitar el miedo a morir es lanzarse a vivir, adelantar los sueños de tal manera que nunca nos sorprenda la muerte con algo que quisimos hacer y por pereza o temor no hicimos.

Vivir intensamente cada presente inmuniza contra el miedo a la muerte.

Conclusión

Podríamos decir que estas siete familias de miedos podrían resumirse en el temor a una desvalorización personal que, debido a no haber sido anteriormente reconocidos por personas de valía, dé lugar a ese temor de que no seamos capaces para abordar lo que cada momento de la vida requiere de nosotros. Asimismo, la comprensión de que los proyectos tienen fecha de caducidad y que las personas tienen un determinado desarrollo, nos hará comprender que las situaciones vividas y por vivir, están en un determinado nivel de evolución, lo que significa una correcta aceptación de la vida en que vivimos.

Hay un dicho popular que dice: «Poniendo los pies en el suelo y no pidiéndole peras al olmo, la vida se vive con la realidad y la frescura de que ningún momento se repite». Este planteamiento inmuniza ante el miedo.

Construir un mundo a nuestra medida

Cuando desaparecen los miedos, podemos afrontar la construcción de un mundo atractivo y a la medida de nuestros deseos. Ahora bien, el grado de participación en la vida y en los sucesos que conlleva no es el mismo para todas las personas.

Hemos oído desde siempre que hay tres tipos de personas:

- Los que no se enteran de que ocurren cosas.
- Los que se percatan de lo que ha pasado cuando ya ha sucedido.
- Los que hacen que las cosas sucedan.

Hacer que las cosas sucedan es ser protagonistas de la propia vida.

La postura ante la vida queda reflejada en el lenguaje que habitualmente utilizamos. Frases como «tengo que...», «necesito...», «no puedo...» indican una situación pasiva ante la vida. Desde esta perspectiva la vida no depende de nosotros y forzosamente nos sitúa desde la situación de víctimas, donde caben las frases de «la vida ocurre y a mí me arrastra», «me siento impotente ante los cambios que suceden».

Las personas que se sitúan ante la vida activamente no disfrazan sus deseos con miedo, hacen lo que les gustaría hacer y suelen hablar de:

- «Elijo», en lugar de «tengo que».
- «Quiero», en lugar de «necesito».
- «No quiero», en lugar de «no puedo».

Situarse en el lado activo significa provocar los cambios que se necesitan para desarrollarse como personas. Dirigimos nuestras vidas en función de lo necesario. Desde esta actitud no cabe la queja, solo tiene sentido el esfuerzo para superar las dificultades que impiden que mis deseos se cumplan. Se pasa de ser víctima del cambio a agente del cambio.

Una persona que provoca su propia vida ha dejado atrás la excusa de que no desarrolla sus capacidades porque el medio no se lo permite, si el medio no es favorable intenta mejorarlo y, si esto no es posible, cambia de medio.

Es evidente que, en la sociedad actual, hay una gran mayoría de personas en posición de víctimas. El hecho de situarse del lado activo nos da la impresión de «caminar contra corriente», de «constituir una rareza». Debemos tomar conciencia de que, sea cual fuere la posición de otros, solo es posible una vida feliz y en libertad si somos capaces de provocarla; es decir, siendo protagonistas y provocadores de la propia vida.

Si partimos del supuesto de que vamos a provocar la vida, deberíamos tener en cuenta que hay dos enfoques fundamentales en la conducta: el enfoque evitativo y el enfoque aproximativo.

Habitualmente las conductas van dirigidas a alejarnos de aquello que nos perjudica. Esta conducta evitativa indudablemente consigue mejorar la situación. Sin embargo, una vida compuesta de conductas evitativas supone estar continuamente enfocado en lo que se quiere evitar. El adicto que está continuamente pendiente del objeto de su adicción, centrado en si consigue o no superarlo y alejarse de él, es muy poco probable que llegue a recuperarse. Sus logros son un tremendo esfuerzo y sus fallos ponen de manifiesto su incapacidad. Es una vida sin emoción y predomina la lucha. La verdadera posibilidad de alejarse de una adicción pasa por encontrar una motivación tan atractiva que haga olvidar la adicción misma.

Por el entorno cultural en el que nos desenvolvemos (predominancia de noticias trágicas, películas violentas, etc.), la mayoría de las personas se sitúan desde el enfoque evitativo, intentando alejar lo desagradable. Por lo general conocemos muy bien lo que no nos gusta, lo que no queremos ni deseamos y nos cuesta más identificar las apetencias y gustos.

El inconveniente que tiene este enfoque, es que estamos tan pendientes de evitar lo negativo que no nos queda lugar, ni tiempo, ni energías para recibir lo positivo, incluso provoca desconfianza y, a veces, hasta rechazo.

La solución que se propone, ya que requiere el mismo esfuerzo, es estar enfocado hacia lo positivo, lo que nos gusta, lo que queremos. En definitiva, utilizar enfoques de aproximación.

Cuando uno se sitúa en esta actitud aparece la movilización, la «vibración», el entusiasmo. En definitiva, la motivación, que nos orienta hacia objetivos personales. Cuando se consigue saber lo que uno quiere, se fijan las metas y la planificación adecuada que conduce a la realización de nuestros sueños.

El trabajo en equipo

Ejercer como agentes de cambio está en relación directa, por una parte, con un trabajo individual que consiste en intentar alcanzar objetivos personales y calmar inquietudes y, por otra, está en relación con trabajar en grupo, aunando esfuerzos, aportando granos de arena y, desde la singularidad de los esfuerzos individuales, conseguir un medio adecuado para la vida.

De esta forma se consigue dar salida a los proyectos personales y cobran sentido los proyectos colectivos.

Los seres humanos no hemos nacido para vivir solos, en nuestra naturaleza va insertada la solidaridad y de ahí la necesidad imperiosa de avanzar en grupo.

Para poder trabajar de forma colectiva hemos de tener en cuenta que:

- El trabajo grupal se inicia cuando cada uno de sus componentes lo ha comprendido.
- El ritmo del grupo debe ir al ritmo del más lento, de esta manera el grupo se sentirá seguro y no habrá lugar a retrocesos tras avances aparentes.
- Debe darse tiempo a cada persona a que «haga suya» la tarea que le corresponda; nadie puede caminar a remolque de otro.
- Cada miembro del grupo ha de poner sus capacidades al servicio de los demás, y a este respecto habrá que tener en cuenta que no siempre el que más sabe es el que mejor enseña.

Los pasos sucesivos que deben cumplirse en el trabajo en grupo son los siguientes:

1. **Partir de un proyecto común**: No es posible iniciar una tarea sin un objetivo concreto.

2. **Contar con una coordinación**: Alguien debe encargarse de proponer las directrices y coordinar los esfuerzos de todos.

3. **Manejar un lenguaje común**: Antes de comenzar la tarea grupal es necesario asegurarse de que todas las personas entienden las cosas de la misma forma.

4. **Reparto de tareas**: No todas las personas pueden ni deben hacer lo mismo; cada uno debe actuar según sus capacidades y su situación en el proyecto grupal.

5. **Desarrollo personal del trabajo**: El esfuerzo individual en la tarea correspondiente es ineludible. Nadie debe hacer la tarea de otro.

6. **Puesta en común**: Las tareas individuales deben exponerse al grupo en un tiempo prefijado para su puesta en común y poder efectuar su evaluación y obtener las conclusiones pertinentes.

Como última reflexión queremos señalar el hecho de que, en los grupos, las directrices debe marcarlas la evidencia, no la mayoría.

Cohesión/conexión
y proyectos

A la hora de plantearnos nuestra intervención en el medio, podemos considerar dos aspectos fundamentales. Por un lado, hemos de ser conscientes de la interacción que se establece con otras personas, el deseo recíproco de aceptación. A esto podemos llamarlo la necesidad que tenemos los seres humanos de sentirnos cohesionados y experimentar la solidaridad que nos configura por naturaleza.

Entendemos, por tanto, como cohesión, esa certeza que experimentamos de estar en vinculación con otros, a pesar de que podamos estar distanciados físicamente. La cohesión es el antídoto de la desolación, del sentirnos marginados o ajenos al contexto social.

Por otra parte, el hecho de sentir cohesión o conexión con otros no es suficiente para experimentar el disfrute de estar juntos, pues para ello se hace imprescindible el tener proyectos en común que justifiquen la continuidad de los encuentros.

En muchas ocasiones se da la situación de que nos encontramos con personas a diario, porque el proyecto nos hace estar participando de una serie de actividades en común y, sin embargo, el participar en estos proyectos no va unido al sentimiento de cohesión.

Entendemos, por tanto, que hay dos elementos fundamentales en la relación con las personas: la cohesión que nos hace sentir en unión a corta o larga distancia y los proyectos que nos hacen permanecer unidos temporalmente por la coincidencia de tener que cubrir necesidades personales en tales proyectos.

Los proyectos, por tanto, permiten permanecer junto a personas con las cuales en muchas ocasioncs no sentimos conexión, lo que hará que estemos juntos solamente el tiempo suficiente para cubrir las necesidades personales que permite tal proyecto.

Vamos a elaborar una planilla en la que aparezcan las personas con las que sentimos cohesión; es decir, con las personas con las que deseamos sentirnos próximos, así como elaborar un listado de las personas que consideramos que quieren relacionarse de forma estable con nosotros.

Asimismo, vamos a enumerar los proyectos que llevamos en marcha y poder comprobar con cuántas personas de las que compartimos proyectos sentimos cohesión de manera estable.

PLANILLA DE PERSONAS EN COHESIÓN

1. Listado de personas con las que sentimos cohesión permanente.

2. Personas con las que sentimos cohesión hacia nosotros.

3. Personas con las que compartimos proyectos.
   Enumeración de proyectos.

4. Personas de cohesión recíproca con las que, asimismo, compartimos algún proyecto.

La libertad
como consecuencia

La libertad es quizá el valor que con más frecuencia se maneja en la sociedad. Es un valor que se defiende y se proclama constantemente, pero ¿sabemos exactamente qué es la libertad?

Cuando pedimos a las personas que definan qué entienden por libertad, generalmente no saben muy bien a qué atenerse. Suelen decir «es hacer lo que quiero en cada momento», «es una utopía», «mi libertad acaba donde empieza la libertad de otro», etc.

Parece más sencillo intentar definir lo que no es libertad y nos encontramos con respuestas tales como «libertad no es sometimiento», «no es atadura», «no es esclavitud», etc.

Asimismo, hemos de considerar que la mayoría de las personas, cuando se refieren a aspectos que tienen que ver con la libertad, lo suelen relacionar con los siguientes contenidos, donde la libertad tiene que ver con:

— Respeto a los demás.
— Cubrir necesidades.
— Vivir sin miedos.
— No violencia activa.
— Tolerancia.
— Vivir el presente.

— Congruencia.

— Flexibilidad.

— Poner las capacidades al servicio.

— Independencia emocional.

— Valoración.

— Humildad.

— Generosidad.

— Ser dueño de mi vida.

— Solidaridad.

— Autonomía.

— Firmeza.

— Ir a favor de uno mismo.

— Estar informado y formado.

— Nobleza y naturalidad.

— Conciencia de que somos únicos e irrepetibles.

Todas estas características, en realidad, no son definiciones de libertad, pero sí expresiones y acciones de todo ser humano que ejerce su libertad.

La libertad es realmente un componente esencial del ser humano, aunque con frecuencia se tiene la idea de que la libertad es algo que se conquista, algo cuya consecución requiere un esfuerzo durante toda la vida. Sin embargo, nacemos libres; por el solo hecho de ser humanos, somos libres; lo que ocurre es que la sociedad, la educación no adecuada, van poco a poco poniendo impedimentos al ejercicio de esa libertad innata.

Desde muy pequeño el ser humano se ve obligado a actuar de acuerdo a la opinión de otros, a la norma de otros, y llega a olvidar que es libre en esencia, porque pocas veces se ha experimentado en libertad. Necesitaríamos, para comprender la libertad, realizar actividades que la expresen, que respondan a esa nuestra naturaleza libre.

En efecto, el ser humano que se sabe libre no se somete, no acepta la esclavitud, no tiene dueño, pero ¿a quién o a qué se someten quienes no se sienten libres?

Hay personas que creen que ejercen en libertad porque económicamente no dependen de otros, o porque se niegan a aceptar las normas. Esas situaciones pueden ser de independencia económica o de aparente autonomía, pero esas personas pueden estar sometidas a sus carencias, entendiendo por carencia la consecuencia de las necesidades no cubiertas. Ese sometimiento a las carencias es lo que les impide vivir la libertad y, por tanto, aunque son libres, porque nacieron libres, no ejercen como tales.

En consecuencia, podríamos decir que libertad es actuar en función de lo necesario, no en función de la carencia. Dicho de otra manera, es desprenderse del deseo que nace de la carencia, para desear solo lo que es necesario. Así pues, cuando las necesidades están cubiertas podemos actuar libremente. Ser libre, por tanto, es ser uno mismo, único e irrepetible.

Libertad tiene que ver con la capacidad de disfrutar en cada momento satisfaciendo nuestros deseos, siempre que nuestros deseos no estén basados en las carencias, pues si vivimos la vida gobernados por ellas, nada sería más opuesto a la libertad.

Libertad y verdad

Se ha dicho «la verdad os hará libres». Se vive en libertad cuando se vive en la verdad, porque la verdad no ata. Cuando se vive según conceptos de verdad, el deseo coincide con lo necesario. Pero si vivimos de acuerdo a la realidad de otros, no estamos viviendo la vida tal y como es, sino que estamos enajenados. A medida que se introducen conceptos de verdad, la vida se enriquece y cobra su dimensión de libertad.

Libertad e integridad

La libertad va de la mano de la integridad. Para sentirse libre hay que estar entero; es decir, tienen que estar en armonía los tres niveles que configuran a toda persona: físico, afectivo e intelectual. La libertad no tiene que ver solo con el pensamiento, no es suficiente con pensar que somos libres.

Un concepto erróneo acerca de la libertad, y muy extendido, es el de que una persona puede sentirse libre en su espíritu aunque esté encadenado. Eso no puede ser correcto, porque el ser humano está constituido como un todo que integra sus diferentes aspectos, y en cada uno de ellos debe ejercerse la libertad.

La libertad de pensamiento puede mantener al individuo con dignidad en la esperanza de que un día vivirá libremente, pero no es la libertad en sí misma. Si se está cautivo, el hecho de pensar y sentir que se es libre no significa ejercer la libertad, aunque el pensamiento positivo y el hecho de saberse libre por naturaleza, pueden ser el motor que impulse a ejercer realmente en libertad.

Libertad y solidaridad

La libertad también está íntimamente unida a la solidaridad. Como ser humano libre comparto (estoy en mí, contigo). No hay que confundir ser libre con estar solo ni con no querer compartir con otros, antes al contrario, la garantía de una relación viene dada por la autonomía de sus miembros y la autonomía está en la base de la libertad.

Libertad y riesgo

Si deseamos vivir en libertad, hemos de atrevernos a experimentarla, incluyendo el riesgo que suponga entregarnos a ella, pues cuando se experimenta, aunque sea por un instante, la emoción de vivir, cobra tal fuerza ese momento que nos mueve irremediablemente a repetirlo cuantas veces sean necesarias a pesar de ese posible riesgo. El que ha conocido la experiencia de vivir en libertad no cesará en su empeño de recuperarla.

Trabajar en el desarrollo de nuestra libertad es motivador en sí mismo; sin embargo, no hay que olvidar que aquel que no ha sentido la libertad, difícilmente lucha por ejercerla y mantenerla.

Epílogo

Con todo lo que hasta ahora se ha expuesto, podríamos decir sin temor a equivocarnos que libertad no es vivir sin ataduras, es algo más. Que libertad no es encontrarme conmigo mismo, es algo más. Que libertad no es no interrumpir el proceso de otro, es algo más. Libertad tiene que ver con acción, tiene que ver con vida satisfecha en ejercicio, con acciones abundantes y generosas.

Cuando los seres humanos cubrimos de forma adecuada nuestras necesidades, emerge irremediablemente la libertad que nos configura.

Autores para la formación

Editatum y **GuíaBurros** te acercan a tus autores favoritos para ofrecerte el servicio de formación GuíaBurros.

Charlas, conferencias y cursos muy prácticos para eventos y formaciones de tu organización.

Autores de referencia, con buena capacidad de comunicación, sentido del humor y destreza para sorprender al auditorio con prácticos análisis, consejos y enfoques que saben imprimir en cada una de sus ponencias.

Conferencias, charlas y cursos que representan un entretenido proceso de aprendizaje vinculado a las más variadas temáticas y disciplinas, destinadas a satisfacer cualquier inquietud por aprender.

Consulta nuestra amplia propuesta en **www.editatumconferencias.com** y organiza eventos de interés para tus asistentes con los mejores profesionales de cada materia.

Nuestras colecciones

Guías para todos aquellos que deseen ampliar sus conocimientos sobre asuntos específicos, grandes personajes, épocas, culturas, religiones, etc., ofreciendo al lector una amplia y rica visión de cada una de las temáticas, accesibles a todos los lectores.

Guías para gestionar con éxito un negocio, vender un producto, servicio o causa o emprender. Pautas para dirigir un equipo de trabajo, crear una campaña de marketing o ejercer un estilo adecuado de liderazgo, etc.

Guías para optimizar la tecnología, aprender a escribir un blog de calidad, sacarle el máximo partido a tu móvil. Orientaciones para un buen posicionamiento SEO, para cautivar desde Facebook, Twitter, Instagram, etc.

Guías para crecer. Cómo crear un blog de calidad, conseguir un ascenso o desarrollar tus habilidades de comunicación. Herramientas para mantenerte motivado, enseñarte a decir NO o descubrirte las claves del éxito, etc.

Guías prácticas dirigidas a la salud y el bienestar. Cómo gestionar mejor tu tiempo, aprenderás a desconectar o adelgazar comiendo en la oficina. Estrategias para mantenerte joven, ofrecer tu mejor imagen y preservar tu salud física y mental, etc.

Guías prácticas para la vida doméstica. Consejos para evitar el cyberbulling, crear un huerto urbano o gestionar tus emociones. Orientaciones para decorar reciclando, cocinar para eventos o mantener entretenido a tu hijo, etc.

Guías prácticas dirigidas a todas aquellas actividades que no son trabajo ni tareas domésticas esenciales. Juegos, viajes, en definitiva, hobbies que nos hacen disfrutar de nuestro tiempo libre.

Guías para aprender o perfeccionar nuestra técnica en deportes o actividades físicas escritas por los mejores profesionales de la forma más instructiva y sencilla posible,